Hansjörg Hemminger

Das therapeutische Reich des Dr. Ammon

Eine Untersuchung zur Psychologie totalitärer Kulte

Quell Verlag

ISBN 3-7918-2341-8

1. Auflage 1989
Umschlaggestaltung: Klaus Dempel, Stuttgart
Satz: Hermann Weyhing GmbH, Stuttgart
Druck: Quell Verlag, Stuttgart

Inhalt

Vorbemerkungen

Das Thema dieses Buches ist das Sektierertum innerhalb der Psychotherapie, ein Thema, mit dem ich mich sowohl wissenschaftlich als auch praktisch eine Reihe von Jahren beschäftigt habe. In der Tat handelt es sich auch deshalb um ein Resultat meiner Forschungen und Publikationen, als mir die Dokumente, die den Hauptteil des Textes ausmachen, nur über sie zugänglich geworden sind. Die Verfasserin des im zweiten Kapitel abgedruckten Textes wandte sich an mich, nachdem sie sich von der Deutschen Akademie für Psychoanalyse (Präsident Dr. Günter Ammon) getrennt hatte, teils um zugunsten anderer Betroffener über ihre Erfahrungen zu berichten, teils um bei der sehr schwierigen seelischen Verarbeitung dieser Erfahrungen Unterstützung zu finden. Ähnliches gilt für den Verfasser der Texte, die in Kapitel III wiedergegeben sind. Dazu kam es deshalb, weil beide kritische Publikationen von mir bzw. von der Evangelischen Zentralstelle für Weltanschauungsfragen (meiner Dienststelle, in deren Auftrag ich die alternative Psychotherapie-Szene untersuche) gelesen hatten. Besonders Kapitel II dokumentiert auf eine, wie ich glaube, nahezu einmalige Weise den Prozeß der Loslösung von einer totalitär agierenden Weltanschauungsgruppe und wirft auch Licht auf den Prozeß, der ursprünglich einmal in die Gruppe hineinführte. (Warum auf Dr. Ammons Organisation die Bezeichnung »totalitärer Kult« zutrifft, wird in Kapitel IV begründet werden.)
Beide Texte (Kapitel II und III) wurden verfaßt, während sich die Autoren, zum Teil unter starkem seelischen Druck, innerlich von der DAP lösten. Daher handelt es sich nicht um eine nüchterne Untersuchung, die ja immer auch eine innere Distanz zum Gegenstand erfordert. Es handelt sich um Dokumente einer Auseinandersetzung, deren (z. T. sogar im Text wieder revidierte)

Tatsachenfeststellungen und Wertungen sich der Wissenschaftler nicht ohne weiteres zu eigen machen kann. Der Wert dieser Dokumente liegt in ihrer unmittelbaren Authentizität, allerdings auch darin, daß es sich (im Rahmen des seelisch Möglichen) um eine redliche Auseinandersetzung handelt. Daher liegt, mit dem vollen Einverständnis der Verfasser, die Wertung und nüchterne Prüfung dieser Dokumente bei mir selbst, um dadurch, aus einer methodischen (nicht unbedingt aber menschlichen) Distanz zu wissenschaftlich soliden Aussagen zu gelangen.
Um dem Leser die Einordnung der dokumentarischen Texte zu erleichtern, schicke ich ihnen in Kapitel I einige grundsätzliche Überlegungen sowie eine kurze Darstellung der DAP voraus. Diese Darstellung stützt sich nicht nur auf die beiden erwähnten Kontakte zu ehemaligen Mitgliedern, sondern auf eine Reihe weiterer, ähnlicher Kontakte und auf eine große Fülle sonstiger Materialien. Zum Beispiel hat die DAP bzw. Ammon im Lauf ihrer Geschichte zahlreiche Prozesse geführt, deren Akten höchst aufschlußreiche Zeugenaussagen enthalten. Außerdem liegen Selbstaussagen der DAP in Fülle vor. Aus diesem Material wird in Kapitel I nur ein kleiner Teil zitiert, da viele Texte noch lebende Personen betreffen, deren Schutz Vorrang vor dem wissenschaftlichen Interesse an der Aufarbeitung der DAP-Geschichte hat.
Eine Publikation muß jedoch besonders erwähnt werden, nämlich das Buch »In irrer Gesellschaft« (vgl. Anmerkung 15), in dem sich ehemalige Mitarbeiter Ammons mit seinen Methoden und seiner Person auseinandersetzen. Kein anderes allgemein zugängliches Werk ist besser dazu geeignet, die in diesem Buch abgedruckten Berichte vergleichend zu bewerten und in ihrer Authentizität zu bestätigen. Weiterhin haben zwei andere Betroffene ihre Erfahrungen in Form von biographischen Romanen verarbeitet, dabei jedoch Ammon und die DAP aus Angst vor juristischen Konsequenzen mit anderen Namen versehen. Auch diese Erzählungen sind sehr aufschlußreich; in der unter Anmerkung 1 aufgeführten Liste sind beide enthalten. Da die Verfasser (von denen einer mir persönlich ebenfalls bekannt ist) eine offene Auseinandersetzung

mit der DAP nicht wünschen, überlasse ich es dem Leser, die betreffenden Werke herauszufinden.
In den dokumentarischen Texten der Kapitel II und III wurden die Personennamen verschlüsselt, bis auf die Namen von Ammon und seiner Gattin selbst, wiederum deshalb, um die beteiligten Personen zu schützen. Außerdem wurde der Inhalt gekürzt, da es viele Wiederholungen gab, und der Stil wurde leicht überarbeitet. Alle Kürzungen und Änderungen wurden von den Verfassern durchgesehen und genehmigt, die Überschriften im zweiten Kapitel wurden redaktionell hinzugefügt. In den von mir verfaßten Kapiteln wird die Verfasserin des Dokuments von Kapitel II als »Frau Lohmann« bezeichnet, um umständlichen Umschreibungen zu entgehen. Bei diesem Namen handelt es sich selbstverständlich um ein Pseudonym.
Mein Kontakt mit »Frau Lohmann« und dem Verfasser des Dokuments von Kapitel III beschränkte sich nicht auf einige kurze Gespräche, ich habe ihre Entwicklung seit nunmehr vier Jahren ständig verfolgt. Für die Bewertung ihrer Aussagen fällt es dabei ins Gewicht, daß beide sich psychisch stabilisieren konnten, nachdem die Phase intensiver Auseinandersetzungen mit der DAP abklang. Beide sind heute in anspruchsvollen Berufen tätig, sind den Belastungen des beruflichen und persönlichen Alltags gut gewachsen und nehmen weder psychotherapeutische noch medikamentöse Hilfe in Anspruch. Von daher müssen ihre Aussagen zwar als Resultate einer extremen seelischen Krisensituation, aber keineswegs als Ergebnis einer chronifizierten Psychopathologie verstanden werden. Die Angaben der Autoren pauschal als »krankhaft« abzutun, ist angesichts ihrer weiteren Entwicklung unmöglich, ganz abgesehen von der Tatsache ihrer guten Übereinstimmung mit den übrigen zugänglichen Quellen.
Es ist in diesem Buch nicht möglich, die Geschichte der DAP insgesamt wissenschaftlich aufzuarbeiten. Diese Aufgabe bleibt umfangreichen psychologischen Spezialforschungen überlassen. Es ist noch nicht einmal möglich, den Gehalt der vorliegenden Dokumente voll auszuschöpfen, schon deshalb, weil trotz der wissenschaftlichen Absicht auf eine gute Lesbarkeit des Buches

geachtet werden sollte. Daher konzentriert sich die Auswertung der Dokumente auf zwei Fragen: Welche persönlichen Charaktermerkmale machen einen Menschen anfällig für das Angebot extremer Kulte, und welche praktischen Schritte sind zur Zeit möglich, um den Betrieb der modernen Psychotherapie gegen sektiererische Abirrungen zu schützen? Letztere Absicht führt über die Wissenschaft hinaus in den Bereich praktischer Konsequenzen. So sollte es auch sein, denn in der Psychotherapie suchen leidende Menschen nach Hilfe, und echte (aber auch angebliche) Experten bieten ihre Hilfe an. In diesem Betrieb können Leiden gemildert, aber auch neu erzeugt werden. Es kann der Gesellschaft nicht gleichgültig sein, daß es einen weitverzweigten Mißbrauch der Psychotherapie gibt und daß es hohe Zeit ist, ihm mit praktischen Maßnahmen zu wehren.

I Über therapeutisches Sektierertum und die DAP

Die Gefahren des Therapiebetriebs

Es geht mir in diesem Buch darum, anhand der beiden von Betroffenen verfaßten Dokumente und am Werdegang der Ammonschen »Deutschen Akademie für Psychoanalyse« Allgemeingültiges aufzuzeigen.
Das Schicksal der DAP zeigt wie unter dem Vergrößerungsglas Gefahren auf, die im modernen Psychotherapie-Betrieb überall anzutreffen sind, jedoch selten in solch tragischer Bündelung und solch extremer Ausprägung.[1] Von welchen Gefahren spreche ich?
Zuerst ist die Gefahr der *persönlichen Abhängigkeit* zu nennen, einer Abhängigkeit, die weit über die (in einer Psychotherapie unvermeidbare) Bindung des Hilfesuchenden an den Helfer hinausgeht. Eine schädliche Abhängigkeit entsteht dort, wo die therapeutische Beziehung nicht in Grenzen gehalten und baldmöglichst gelöst wird, sondern, wo sie endlos weiterbesteht und wo das ganze Leben des Patienten oder Mitarbeiters von »seiner Therapie« oder gar von »seinem Therapeuten« bestimmt wird. Im Extrem gewinnt der Therapeut durch eine solche Abhängigkeit nahezu absolute Macht über das Leben des Behandelten, bis hin zur sexuellen und finanziellen Ausbeutung und zur lebenslangen Dienerschaft. Einzelne Fälle dieser Art werden immer wieder bekannt,[2] im Fall sexueller Ausbeutung scheinen sie sogar nicht einmal so vereinzelt zu sein.[3,4]
Es gibt Therapeuten, die ohne jede Einschränkung die Rolle eines Pseudo-Erlösers oder Sekten-Gurus spielen und über eine entsprechende Anhängerschaft verfügen.
Maurice Temerlin untersuchte in den USA eine Reihe solcher Psychogruppen, die durchweg Abhängigkeitsstrukturen aufwie-

sen, wie sie für extremistische religiöse Sekten typisch sind. Dabei wurden von den fünf geprüften »Psychosekten« immerhin vier von Führern beherrscht, die über eine psychologische oder psychoanalytische Ausbildung verfügten.[5] Ein ähnlicher Vorgang wurde durch eine kritische Buchpublikation aus der Schweiz bekannt.[6] In diesem Fall nahm die finanzielle Ausbeutung groteske Ausmaße an: Ein Ehepaar wurde in einer langjährigen Therapie nach Berechnung ihres Anwalts um rund eineinhalb Millionen Schweizer Franken gebracht!

Neben der Abhängigkeit von der Person des Therapeuten gibt es allerdings auch noch die Abhängigkeit von einer therapeutischen Methode, die nicht unbedingt an eine Person gebunden ist. Es gibt Menschen, die nach encounter-Gruppen oder nach Primärtherapie geradezu süchtig sind und die ganze Welt durch die Brille der Gruppendynamik oder der »primal theory« betrachten, ohne daß sie persönlich an einem Therapeuten hingen. Diese Art von »Psycho-Freaks« trifft man vielleicht sogar häufiger an als den von einem therapeutischen Meister abhängigen Menschen.[7] Und auch in der DAP spielt die Bindung an die Lehre für die Anhänger eine erhebliche Rolle. Aber sie scheint doch nicht so entscheidend zu sein wie die Bindung an den Therapeuten; an der Haltung zu seinem Machtanspruch entscheidet sich letztlich das eigene Denken und Tun.

Auf welchem Weg gelingt es den angeblichen oder wirklichen Therapeuten, persönliche Macht über ihre Patienten und Mitarbeiter zu gewinnen? Bei der Antwort sind drei Aspekte zu bedenken, nämlich die utopischen Therapieziele, der ethische Relativismus und das unkritische Machbarkeitsdenken in der Psychotherapie. Diese drei Merkmale gehören zusammen:

Die faszinierende Utopie und die Hoffnung auf die schnelle Einlösung der großartigen Versprechen bewirken, daß die Regeln des normalen Anstands außer Kraft gesetzt und die alltäglichen Rechte der Patienten und Mitarbeiter scheinbar unwichtig werden können. Durch utopische Hoffnungen werden die Menschen nicht nur therapeutisch, sondern mit ihrer ganzen Existenz an die psychologische Heilslehre oder an den psychologischen Groß-

meister gebunden. Wiederum treten diese Gefahren überall im Psychotherapiebetrieb auf, auch außerhalb extremer Gruppen.[8]
Besonders die große Utopie wird sehr häufig beschworen, um eine Therapieform faszinierend zu machen, wobei manchmal nicht ganz klar ist, ob es sich um einen typisch amerikanischen Reklametrick handelt, oder ob der Autor seine Lobpreisungen wirklich ernst meint. Wenn zum Beispiel Thomas Harris, ein Hauptvertreter der Transaktionsanalyse (TA), seine Einfachmethode als religiösen Heilsweg bezeichnet, könnte ihm der Entwurf eines Werbetextes etwas mißraten sein. Aber immerhin schreibt er ausdrücklich, durch Transaktionsanalyse werde der Mensch die umfassende Erlösung erfahren, die die Kirchen »im Sumpf institutionellen Dogmas« verborgen gehalten hätten.[9]
Und selbst wenn er es nicht ernst meint, meinen es viele seiner Leser ernst. Es ist darum kein Wunder, daß manche (keineswegs alle) Vertreter der TA sich eher wie Wanderprediger einer Winkelreligion als wie fachlich ausgebildete Helfer verhalten. Ähnliche Beispiele aus der Gesprächstherapie nach Carl Rogers, der Gestalttherapie von Fritz Perls, der Primärtherapie nach Arthur Janov, den körperorientierten Therapien in der Gefolgschaft von Wilhelm Reich usw. könnte man in beliebiger Zahl zusammentragen.
Die Gefahr dieser Utopien liegt darin, daß große Ziele große Anstrengungen und Opfer rechtfertigen und absolute Ziele absolute Opfer fordern. Arthur Janov und die »transpersonalen« Therapeuten (Stanislav Grof u. a.) versprechen immerhin, ihre Methoden würden die Evolution des Menschen in eine neue Richtung lenken, eine höhere Stufe der Entwicklung liege durch sie in Reichweite. Nicht nur Gesundheit wird versprochen, es gilt, den neuen Menschen, die neue Gesellschaft zu schaffen. Wer wollte, sofern er den lockenden Gesängen glaubt, da nicht mit dabei sein? Durch die faszinierende Utopie geraten jedoch die eigentlich therapeutischen Ziele in den Hintergrund. Der Patient fragt nicht mehr, ob es ihm besser geht, ob er sich geborgen fühlt, ob der Therapeut sich anständig verhält und ob er selbst sich noch anständig verhält, sondern er fragt, ob das große Ziel näher

gekommen ist. Und da sich diese Frage kaum je entscheiden läßt, setzt er Anstrengungen und Opfer möglicherweise endlos fort. Durch einen psychologisch einsichtigen Anpassungsprozeß wird der Patient oder Mitarbeiter in diesem Fall seiner eigenen privaten Ziele, im Extrem seiner eigenen Persönlichkeit, beraubt, oder er opfert Bedürfnisse und Persönlichkeit selbst für das große Ziel des »heilen Lebens« oder der »eigenen seelischen Realität« oder der »absolut besten Psychiatrie« auf. Natürlich schrillen während eines solchen Prozesses viele Warnglocken. Man leidet an den Widersprüchen zwischen Utopie und Realität, man ist entsetzt über die ethische Verkommenheit mancher Taten und mancher Täter. Und nicht wenige Menschen werden durch die Warnglokken rechtzeitig geweckt. Aber andere bleiben fasziniert, und ihre große, ja absolute Hoffnung überspielt alle Zweifel. Schließlich muß dem letztgültigen Ziel jedes andere Bedürfnis, ja selbst die »konventionelle Moral« geopfert werden, die es kleinlicherweise verbietet, zu lügen, zu stehlen und Mitmenschen zu erniedrigen.
Aber – so wird mancher Leser fragen – worin liegt denn der Unterschied zu den Ansprüchen der großen Religionen, die niemand als Sekten bezeichnet, vom Anspruch weltlicher Ideologien wie Kommunismus oder Nationalismus ganz zu schweigen? Sind deren Ziele nicht ebenso groß, ebenso absolut, und fordern sie nicht ebensolche Opfer? Diese Frage macht zu den beiden Aspekten des ethischen Relativismus und des therapeutischen Machbarkeitsdenkens einige weitere Erklärungen erforderlich.
Es muß von vornherein eingeräumt werden, daß kulturmächtige religiöse oder ideologische Strömungen, wo sich aus ihnen absolut angestrebte, konkrete Utopien ergeben, die selben oder schlimmere Folgen erzeugen können wie der Utopismus kleiner, extremer Gruppen. Angesichts der Geschichte der »heiligen« Kriege, der Kreuzzüge, des Unterdrückungs- und Kastenwesens, der Konzentrationslager und Pogrome wäre jede Abschwächung unsinnig. Wichtiger für das Verständnis der Gefahren des Sektierertums ist die Frage, welche Gegenkräfte große Religionen und Ideologien mobilisieren können, um eben solche Auswüchse zu verhindern? Hier fällt zuerst die schlichte Tatsache auf, daß

praktisch alle Hochreligionen die grundlegenden ethischen Forderungen an das menschliche Handeln mindestens ebenso absolut setzen wie ihre sonstigen Anliegen und Ziele. Die Gebote Gottes, die kosmische und ethische Ordnung des Tao, oder wie das schlechthin gültige Sittengesetz jeweils begründet und benannt sein mag, können nicht zugunsten des Heils, der Erlösung oder der Erleuchtung geopfert werden. Umgekehrt – wo die Gebote Gottes nicht gelten, wo das Tao und seine Ordnung verlassen wird, kann sich das Heil nicht verwirklichen und kann der Mensch nicht erleuchtet werden.
Dieser ethische Absolutismus erscheint dem modernen weltlichen, an ethischen Relativismus gewöhnten Menschen seltsam und starr zu sein. Und in der Tat bildet die Umsetzung des »schlechthin gültigen Sittengesetzes« in den persönlichen und politischen Alltag stets ein Problem für alle Religionen. Aber auf es grundsätzlich zu verzichten, erweist sich als fatal: Der Verzicht vermag nicht zu verhindern, daß religiöse oder pseudoreligiöse Strömungen mit absoluten Ansprüchen entstehen. Aber deren Praxis kann nun nicht mehr anhand einer ebenfalls absolut gültigen ethischen Ordnung kritisch befragt werden. Es ist schrecklich genug, wenn christliche Kirchenleitungen so weit vom »du sollst nicht stehlen« abweichen, daß sie Länder und Güter gierig an sich raffen. Aber sie können zumindest anhand ihrer eigenen Verkündigung beurteilt werden, und das war der Christenheit stets bewußt: Nicht umsonst sind unter den Verdammten, die auf mittelalterlichen Altarbildern in die Hölle geschleppt werden, mehr Träger von Bischofshüten als Arme und Elende zu finden.
Ähnliches gilt für die anderen Hochreligionen: Die schärfste Kritik am Unrecht des eigenen Tuns wird stets mit der eigenen Lehre begründet. Wo der ethische Relativismus selbst zum Programm wird wie in den weltlichen Pseudoreligionen des Faschismus und Stalinismus – oder in Extremformen des Nationalismus –, da wütet das Unrecht ohne Begrenzung, bis es sich selbst zerstört oder von außen überwältigt wird. Die unheilige Dreiheit von Utopie, Machtwahn und Unmenschlichkeit ist kennzeichnend

für alle innerweltliche Selbsterlösungslehren, seien es große politische Bewegungen, seien es absolutistische Kleingruppen abseits der großen Kulturströmungen, seien es dem Utopismus verfallene Psychotherapien[10]: Wenn es wichtiger wird, die absolut gute Therapie durchzuführen als Mitarbeiter anständig zu behandeln, wenn es wichtiger wird, den Menschen »im Kern zu erreichen« als seine Würde zu respektieren, sind die Dämme der Menschlichkeit schon geborsten. Wenn der therapeutische Meister alles, was er tut, mit seiner therapeutischen Meisterschaft rechtfertigen darf, wenn er außerhalb der Regeln von gut und böse steht, steht er praktisch schon auf der Seite des Bösen. Ethischer Relativismus, das Außerkraftsetzen alltäglicher Umgangsregeln zugunsten der angeblichen hohen Ziele, bildet ein Warnzeichen allererster Ordnung.
Dabei darf jedoch nicht übersehen werden, daß die Ethik des Alltags, daß die Menschenwürde meist nicht einem Prinzip des ethischen Relativismus zum Opfer fällt, sondern nur in der Praxis dem therapeutischen Machbarkeitswahn geopfert wird. Man muß die Praxis, nicht die Lehre betrachten, denn selbst die extremsten Psychogurus würden es weit von sich weisen, die Menschenwürde zu mißachten oder Mitarbeiter schlecht zu behandeln. Aber das, was sich die unerleuchtete, feindliche Umwelt unter guter Behandlung oder Würde vorstellt, ist eben aus ihrer Sicht nicht eigentlich gut oder würdig. Wirklich gut für den Mitarbeiter ist es, wenn seine gesetzlichen Rechte übergangen werden, damit er »in seiner Therapie weiter kommt«. Und wirkliche Menschenwürde erhält der Patient, wenn er zusammen mit dem Meister die nächste Evolutionsstufe erreicht, nicht dadurch, daß der Meister seine Partnerbindungen respektiert und ihm die Freundin nicht ausspannt. Der Meister darf dem Patienten die Freundin ausspannen, wenn er ihm damit »therapeutisch weiterhilft« – und eben damit erweist sich die zerstörerische Macht der Utopie. Mit anderen Worten: Die Menschenrechte, die Menschenwürde wird nicht offen mißachtet, sondern sie gerät mit den angeblichen Therapiemethoden in Konflikt, die allen Rechten und jeder Würde vorgehen, weil auch das absolute Ziel jedem anderen Ziel vorgeht.

Die therapeutische Lehre umfaßt also nicht nur den Glauben an utopische Ziele, sondern den Glauben an bestimmte Methoden, die diese Ziele erreichbar machen. Ob das Heil völliger Abwehrfreiheit durch Urerlebnisse erreichbar gemacht werden soll, ob die vollkommene Therapie durch permanente Gruppendynamik angestrebt wird – stets gibt es nicht nur ein Ziel, sondern auch eine Methode, die vor allen anderen Betätigungen den Vorrang erhält. Wenn das Primärgefühl wichtiger ist als alle anderen Gefühle (bei Arthur Janov), dann können die Verwandten dem Patienten lange erzählen, er sei als Kind mit seiner großen Schwester gut ausgekommen. Was zählt Wahrheit, was zählt Gerechtigkeit angesichts des Urerlebnisses, das ihm sagt, seine heutigen Probleme gingen auf den Haß gegen die Schwester zurück? Und wenn die Gruppe sagt, der Leiter hat dich mit Recht beschimpft, was zählt dann dein bürgerliches Schicklichkeitsempfinden, das ihn zum aufgeblasenen Gockel erklärt? Es hindert das große Ziel, den Leiter für den Gockel zu halten, der er ist, und es fördert das große Ziel, dieses Urteil zu unterdrücken und sich selbst anzuklagen. Daher klagt man sich selbst an. Der Glaube an die Machbarkeit des therapeutischen Heils ist die Peitsche, mit der die Anhänger ständig vorangejagt werden und mit der sie sich oft genug selbst voranjagen.
Aber natürlich eröffnet der utopische Machbarkeitsglaube dem Mißbrauch Tür und Tor. Sobald es nur gelingt, die eigenen Anliegen und Wünsche als Teil der Therapiemethode auszugeben, lassen sie sich schrankenlos durchsetzen. Die absolute Macht der Methode wird zur absoluten Macht dessen, der die Methode benutzt oder benutzen darf. Wenn mir, dem Therapeuten, ein Mitarbeiter auf die Nerven fällt, kann ich ihn grenzenlos erniedrigen, sofern die Erniedrigung von ihm und den anderen Anhängern als Teil der Therapie verstanden wird. Ich kann mit jeder Frau ins Bett, die ich haben will, sofern es zu deren therapeutischem Wohl geschieht; ich kann das Geld und die Zeit der Anhänger verlangen, da ich ja nur Therapie zu ihrem eigenen Heil betreibe. Der Machbarkeitsglaube, der sich auf utopische Ziele richtet, gibt demjenigen Macht, der die Methoden in der Hand

hat. Und diese Macht wird, wie jede Macht, immer dann mißbraucht, wenn sie nicht kontrolliert wird. An der Kontrolle fehlt es jedoch im Psychotherapiebetrieb überall, und entsprechend häufig ist der Mißbrauch. Von den notwendigen Konsequenzen wird später noch zu sprechen sein.

Der Machbarkeitsglaube der Psychosekten bildet einen weiteren Unterschied zu der Art religiöser Bindung, wie sie die Hochreligionen schaffen oder verlangen. Die Hochreligionen fordern zwar in unterschiedlichem Maß eigene Leistungen hin zum Heil und haben eine unterschiedliche Nähe zur Idee der menschlichen Selbsterlösung, aber die völlige, quasi technische Machbarkeit des Heils (oder des neuen Menschen) lehrt keine von ihnen. Stets bedeutet die Bindung an absolute Ziele oder an das absolut Gute gleichzeitig die Bindung an ein außerhalb des Menschen stehendes, dem Menschen unverfügbares Sein, sei es der Gott Israels, der auch der Gott der Christen und zumindest geschichtlich gesehen der Gott des Islam ist, sei es das ewige kosmische Sein des Laotse, das dem Menschen »nicht aufbegehrenden Einklang« abfordert. Zur Religion gehört die Unterscheidung zwischen vorletzten und letzten, zwischen verfügbaren und unverfügbaren Dingen notwendigerweise dazu. Deshalb kann kein Mensch sein Handeln vollständig mit dem »Willen Gottes« oder mit der ewigen Ordnung der Welt identifizieren, und wenn er es tut, wird er mit Recht als größenwahnsinnig bezeichnet. Selbstverständlich hat es diese Art des Größenwahns immer gegeben, aber auch hier gilt wie in Fragen ethischer Urteile, daß die schärfste Ablehnung solcher Wahnideen aus dem zugrunde gelegten Glauben selbst kommt. Der Glaube an die technische, in diesem Fall an die psychotechnische Machbarkeit des neuen Menschen oder der absolut guten Therapie stammt nicht aus der traditionellen Religiosität der Menschheit, sondern gehört zum aufklärerischen Fortschrittsglauben der westlichen Industriegesellschaft. Selbst Therapieformen, die sich als »spirituell« verstehen, wie die transpersonale Psychologie, unterliegen diesem westlichen Machbarkeitsdenken. Man kann auch hinduistische Meditationen, Zen-Sitzungen und schamanistische Rituale quasi-technisch betreiben, um typisch westliche Ziele wie Selbstverwirklichung, Ich-Ausweitung usw. anzustreben.

Die echten Vertreter von Hinduismus und Buddhismus klagen dann mit Recht, aber ohne viel Gehör zu finden, über den Ideenimperialismus, der ihr Glaubensgut zum Vehikel weltlicher Fortschrittsideen macht. Und man mag zu ihrer wie zu jeder anderen Religion stehen, wie man will: Daß es gefährlich wird, wenn das Wissen um die Abhängigkeit des Menschen von der unverfügbaren Gesamtheit der Welt und der Blick für die Grenzen menschlichen Tuns verschwinden, muß jedem vernünftigen Beobachter einleuchten. Die Psychosekten jagen im Grund der Verheißung der Aufklärung, die Übel der Welt könnten durch Wissen und Technik überwunden werden, mit anderen Mitteln weiter nach. Und soweit sie den Gefahren der persönlichen Abhängigkeit, des Utopismus, des ethischen Relativismus und des Machbarkeitswahns verfallen, treten zerstörerische Folgen auf: Unterdrückung, Ausbeutung, Realitätsverlust und Verzweiflung. Besonders der erste Erfahrungsbericht (Teil II) spricht hier seine eigene Sprache. Vorher will ich jedoch ein Mißverständnis über die Absicht dieser Untersuchung abzuwenden versuchen, das sich daraus ergeben könnte, daß die »Deutsche Akademie für Psychoanalyse«, um die es in dem genannten Bericht gehen wird, ihre Ideen aus der großen und vielgestaltigen Therapierichtung der Psychoanalyse bezieht.

In den letzten Jahren wurde eine Reihe kritischer Bücher zu Theorie und Praxis der Analyse publiziert, unter anderem auch von mir selbst. Es war lange überfällig, daß die kritischen wissenschaftlichen und praktischen Argumente an die Öffentlichkeit kamen, und ich habe mit Überzeugung dazu beigetragen. Daher liegt der Gedanke nahe, ich könne die Geschichte der DAP wiederum dazu verwenden, auf die wissenschaftliche oder therapeutische Problematik der Psychoanalyse hinzuweisen. Dieses Ziel habe ich jedoch nicht, unter anderem auch, weil ich zur Zeit nichts wesentlich Neues sagen könnte. Wer sich über die moderne Psychoanalyse-Kritik informieren will, findet allgemeinverständliche Literatur in den Anmerkungen.[11] Um zu verstehen, was in

extremen Psychogruppen abläuft, sind weder Detailkenntnisse der Tiefenpsychologie noch Kenntnisse der wissenschaftlichen Kritik notwendig. Was die Sektiererei ausmacht – der Utopismus, der therapeutische Guru, der Machbarkeitsglaube usw. – hat mit einer bestimmten Psychologie wenig zu tun. Daher habe ich in dieser Einführung, um das Gleichgewicht zu wahren, bisher nur Schulen außerhalb der Analyse als Beispiele benutzt.
Natürlich gibt es viel Sektierertum auch innerhalb der Psychoanalyse, und seine Gefahren lassen sich schon bei Sigmund Freud entdecken. So ist Freud keineswegs frei von überzogenem Machbarkeitsdenken und von guruistischen Anwandlungen, und unrealistische Utopien wurden in der Geschichte der Tiefenpsychologie zahlreich produziert. Die tiefenpsychologische Gruppendynamik, auf die sich das DAP-Denken besonders stützt, spielte eine erhebliche Rolle in der Studentenrevolte der sechziger und siebziger Jahre, wo sie immer wieder zur utopischen Ideologie gemacht wurde. Aber darauf werde ich noch zu sprechen kommen. Trotzdem wäre es falsch, tiefenpsychologisches Sektierertum allein auf die wissenschaftlichen Schwächen der Psychoanalyse zurückzuführen. Die Psychologie hat überall, wo sie zum Vehikel des Fortschrittsglaubens und westlicher Selbsterlösungshoffnungen gemacht wurde, ideologische Züge entwickelt, in der Psychoanalyse ebenso wie in der äußerlich trocken-wissenschaftlich wirkenden Lernpsychologie. Auf der anderen Seite praktizieren sehr viele Tiefenpsychologen trotz der wissenschaftlichen Schwächen ihrer Psychologie auf eine nüchterne, fachliche Weise und versuchen, so gut es ihnen gelingt, den echten Problemen ihrer Patienten helfend beizukommen. Die Gefahren sind ständig präsent, und sowohl Therapeuten als Patienten erliegen ihnen. Aber das Heilmittel gegen diese Gefahren kann nicht nur in wissenschaftlichem Fortschritt bestehen. Wir benötigen eine Stärkung der Verantwortung des Therapeuten und der Selbstverantwortung des Patienten sowie ethische Wachheit auf beiden Seiten.

Lehre und Geschichte der DAP

Im zweiten Teil dieses Kapitels will ich einige notwendige Informationen über die »Deutsche Akademie für Psychoanalyse« (DAP) geben. Sie wurde 1969 gegründet und wurde von Anfang an um die Person Günter Ammons herum organisiert, der als Arzt und Analytiker damals zwar fachlich bereits umstritten war, aber in Wissenschaft und Praxis durchaus gehört wurde. Seine Lehre stützte sich auf die psychoanalytische Gruppendynamik, durch die die seelischen Schäden der frühen Kindheit behoben werden sollten: »Was durch eine Gruppe krank wurde, kann in einer Gruppe geheilt werden.« Dabei wurden die Möglichkeiten der tiefenpsychologischen Gruppenarbeit wohl von Anfang an überschätzt. So wandte Ammon seine vermutlich dafür ungeeigneten Konzepte auf die Behandlung der Schizophrenie und anderer schwerer psychiatrischer Erkrankungen an, wofür er den Ausdruck »Dynamische Psychiatrie« prägte. Außerdem wurde diese Art der Tiefenpsychologie zu einer umfassenden Deutung menschlichen Verhaltens ausgeweitet: Auch Alltagsverhalten wurde so betrachtet, als werde es durch seelische Defekte aus früher Kindheit geprägt und als könne deren Heilung die Lebensprobleme lösen.

Dieser Psychologismus hat seine Gefahren, aber auf der anderen Seite war und ist er keineswegs selten. Man denke nur an die Bestseller von Alice Miller[12], die im Prinzip dieselbe Botschaft unters Volk bringen. Mit ihr fiel Ammon in der geistigen Atmosphäre der frühen siebziger Jahre nicht auf, um so auffälliger aber wurde je länger je mehr sein praktisches Vorgehen. Es gelang ihm, eine Organisation aufzubauen, in der seine Lehre mit allen Konsequenzen gelebt wurde. Die »psychologische Revolution« gegen die Familie, gegen die Zwänge der bürgerlichen Gesellschaft und gegen die Unmenschlichkeit der klassischen Psychiatrie sprach die gesellschaftskritischen, linken Psychologen und Ärzte der Universitätsstädte an. Ammon wurde im Berlin der siebziger Jahre so etwas wie der Modetherapeut der linken Intelligenz, die seelisch unter den Folgen ihrer eigenen Ideologie zu leiden begann und mit den Forderungen der Selbstbefreiung, die sie sich auferlegte, nicht fertig wurde. Ihnen klang es plausibel, daß zu der politischen eine psychologische Befreiung hinzukommen müsse, und viele von ihnen engagierten sich in der DAP. Die Gefahren der persönlichen Abhängigkeit von Ammon und die Gefahr des Utopismus begannen jedoch bald, ihr Haupt zu erheben (jahrelang allerdings, ohne außerhalb und innerhalb der DAP beachtet zu werden).

So zeigte sich in der DAP bald eine Verengung auf Lehre und Person Günter Ammons. Die Befreiung wurde nicht von irgend einer Therapie erwartet, es mußte die Methode der DAP sein, denn nur mit ihr könne man »tief am Menschen arbeiten«. Außerdem begannen die Sicherungsmechanismen zu fallen, die andere tiefenpsychologische Schulen wohlweislich in ihre Therapie und Ausbildung einbauen. Nach außen hin gab es die herkömmliche Rollenverteilung von Therapeut und Patient, aber intern wurden Mitarbeiter und Ausbildungskandidaten von heute auf morgen in die Rolle des Patienten verwiesen. Später wurden die Grenzen zwischen persönlicher Therapie, Lehranalyse und Kontrollarbeit (Bearbeitung der Therapien eines Anfängers mit Hilfe eines erfahrenen Kollegen) mehr oder weniger undeutlich.

Man vertrat die Doktrin, alle Therapeuten und Patienten machten gemeinsam »Therapie« und sollten sich ohne Rangunterschiede bei ihrer Identitätsfindung helfen. Diese Doktrin klingt emanzipiert und »herrschaftsfrei«, aber in der Praxis bewirkt die Verwischung der Rollen Angst und Unsicherheit bei Patienten und Therapeuten. Und da es oft nur vom therapeutischen Urteil Ammons abhing, wer Therapeut sein durfte und wer Patient wurde oder gar stationär in die Klinik kam, öffnete die Auflösung der Rollen der Willkür Tür und Tor. Dazuhin benutzten die DAP-Therapeuten intime Informationen, die sie in der Einzeltherapie erhalten hatten, für ihre Aussagen im Rahmen der Gruppenarbeit. Dadurch wurde die ärztliche oder therapeutische Schweigepflicht praktisch ausgehöhlt, denn was in der Gruppe bekannt wurde, wurde selbstverständlich überall bekannt. Wie sich dieser

Verstoß gegen den therapeutischen Verhaltenskodex in der Praxis auswirkte, beschreibt das in Teil II folgende Dokument.
Auch der überzogene psychologische Machbarkeitsglaube (der in den siebziger Jahren sowieso Konjunktur hatte) kam in der DAP zum Ausdruck. Es sollte in der Therapie gelingen, die gesamte Persönlichkeit mit ihren durch frühe seelische Defizite verursachten Strukturmerkmalen abzubauen, um Platz für ein neues, abgerundetes Persönlichkeitswachstum in der Gruppe zu schaffen. Als »im Kern erreicht« galt ein Patient nur dann, wenn er auch die letzten Widerstände gegen die Aufdeckung seelischer Defekte aufgegeben hatte und sich dem Einfluß der Therapie vorbehaltlos öffnete. Und da die Doktrin der immerwährenden Therapie praktisch jedermann zum Patienten machte, war es jedermanns Pflicht, sich »im Kern erreichen zu lassen«. Ethische Bedenken, das Bedürfnis nach Abgrenzung und Schutz der eigenen Intimsphäre, jede Distanz zur »helfenden Gruppe« wurde durch diesen Machbarkeitsglauben schwer gemacht und häufig völlig verhindert. In jeder seriösen Psychotherapie gilt es als Grundregel, daß man Menschen nicht »mit Therapie verfolgen« darf, und zwar sowohl um den Patienten vor Überforderung als auch um den Therapeuten vor seinem eigenen Größenwahn zu schützen. In der DAP wurde die »Verfolgung mit Therapie« jedoch zur Tugend erhoben, mit der üblichen Folge des ethischen Relativismus: Nicht nur die Verletzung der Schweigepflicht, fast jedes Verhalten ließ sich rechtfertigen, wenn man es nur als Therapiemaßnahme ausgeben konnte.
Die »Verfolgung mit Therapie« wirkte sich auch deswegen unheilvoll aus, weil zur Ammonschen Arbeitsmethode die Praxis aggressiver Deutung gehört, eine Praxis, die im amerikanischen Psychoslang als »busting« bezeichnet wird. Der Ausdruck bedeutet wörtlich so etwas wie »aufsprengen« oder »hochgehen lassen«. Was gesprengt werden soll, ist die Abwehr des Patienten gegen die Einsichten über sich selbst, die ihm – angeblich – so dienlich wären, könnte er sie nur akzeptieren. In der DAP lautet der entsprechende Begriff nicht »busting«, sondern »Konfrontation«[13], aber die Sache bleibt dieselbe. Wenn ein Patient »kon-

frontiert« wird (man beachte den ungewöhnlichen Wortgebrauch; das sonst übliche »mit« fehlt nach dem »konfrontieren«), dann wird er seiner psychologischen Widerstände wegen angegriffen und seiner Uneinsichtigkeit wegen beschuldigt. Aus gutem Grund wird dieses aggressive Vorgehen in allen seriösen Therapieschulen aufs schärfste abgelehnt. Einen direkten Druck des Therapeuten auf den Patienten, daß dieser seine »Abwehr« aufgeben solle, wird selbst dort für einen der schlimmsten Fehler gehalten, wo man an die klassischen tiefenpsychologischen Abwehrtheorien glaubt. Und eben dieser Fehler wurde in der DAP nicht nur laufend begangen, sondern er wurde zum Prinzip gemacht:

In einem Prozeß sagte eine ehemalige Patientin Ammons folgendes aus: Sie habe nach der Geburt eines schwer behinderten Kindes an Depressionen gelitten und deshalb bei Ammon eine Gruppentherapie mitgemacht. Dieser habe sich über ihre mangelnde Mitarbeit beklagt und dabei wörtlich gesagt: »... schließlich haben Sie Ihrem Mann einen Frankenstein vorgesetzt.« Ammon konnte diesen ungeheuerlichen Vorwurf vor Gericht nicht entkräften.

Ein ehemaliger DAP-Therapeut erklärte im Rahmen einer anderen Gerichtsverhandlung[14] an Eides Statt, Ammon habe zwei leitende Mitarbeiter während einer »Konfrontation« angespuckt. Ein weiterer Mitarbeiter sei in der Wut von ihm getreten worden.

In der Praxis führt die »immerwährende Therapie« und die Angst vor »Konfrontationen« dazu, daß die Mitarbeiter der DAP und (in Grenzen) auch die Patienten einem Wechselbad von Demütigung und Bestätigung ausgesetzt werden. Dabei »konfrontierten« sich die Mitarbeiter natürlich auch untereinander, aber das letzte Wort hatte in der Regel Günter Ammon. Er »konfrontierte« jedermann, wurde selbst aber selten (und wohl nie mit Nachdruck) »konfrontiert«. Diese Erfahrung führte zu einer Angstbindung an die DAP und an die Person Ammons. Die höchsten Hoffnungen, der Sinn des Lebens und Arbeitens, wurden bei der DAP gesucht, und gleichzeitig entstand eine intensive Angst, diesen Sinn zu verfehlen und als untauglich ausgeschlossen zu werden. Die natürliche Folge war kritiklose Anpassung, verbunden mit immer größeren Anstrengungen, um den Erfordernissen von Lehre und Praxis gerecht zu werden. In diesem Prozeß werden die adulten Persönlichkeitsstrukturen zwar – wie es die Theorie fordert – fraglich gemacht und im Extrem aufgegeben, sie werden jedoch keineswegs in besserer Form regeneriert. Eher ergeben sich kleinkindhafte Abhängigkeiten. Diese Abhängigkeit ist ehemaligen DAP-Mitgliedern zum Teil noch Jahre nach der Flucht aus der Gruppe anzumerken.

Über die innere Dynamik des DAP-Geschehens darf die äußere Dynamik ihrer Entwicklung nicht vergessen werden: Ihre Anhänger stammten zuerst, wie bereits gesagt wurde, aus dem gesellschaftskritischen Aufbruch der sechziger und siebziger Jahre. Ihnen bot die DAP einen Rahmen angeblich alternativen, sinnvollen Arbeitens in Psychotherapie und Psychiatrie. Zu diesem Zweck brachte die DAP immer neue Berufe hervor, die »Dynamisch-Psychiatrische Krankenschwester«, den »Dynamisch-Psychiatrischen Erzieher«, den Gruppendynamiker, den »Dynamisch-Psychiatrischen Krankenpfleger« oder Arzt. Um jedoch einen dieser Abschlüsse zu erreichen, mußte die eigene Therapie finanziert werden, es waren zahlreiche Seminare, Tagungen und Gruppenunternehmen sowie die Mitgliedschaft in den Fachgesellschaften zu bezahlen. Zum Ergebnis führten diese Unternehmungen selten, so gibt es nach meinem Wissen nur eine wirklich diplomierte dynamisch-psychiatrische Krankenschwester. Nur die psychoanalytische Zusatzausbildung von Ärzten und Psychologen geriet häufiger zu einem Abschluß, wobei sich einige Dissidenten ihr Abschlußzeugnis vor Gericht erkämpfen mußten. Diese Fachleute sehen sich heute vor dem Problem, daß ihre Qualifikation mit Mißtrauen betrachtet wird, je mehr Ammon selbst in Mißkredit gerät. Die nichtärztlichen und nichtpsychologischen »Berufe« der DAP werden sowieso nirgends anerkannt. Daß sich viele Ausbildungskandidaten der DAP hoch verschuldeten, steht unstreitig fest. Die Verantwortung dafür lehnte die DAP jedoch stets ab.

Mit der Fachwelt kam es zu immer neuen Konflikten, die die

anfängliche Reputation Günter Ammons und der »Dynamischen Psychiatrie« allmählich aufzehrten. Bereits 1975 trug Ammon eine heftige Fehde mit der international bekannten Berliner Analytikerin Annemarie Dührssen aus. Er griff sie öffentlich in heftiger Form an, schadete damit sich selbst jedoch mehr als seinen Gegnern. In der Folge, und nicht ohne Zusammenhang mit der Kontroverse um Frau Dührssen, wurden Ammons Vorlesungen und Seminare von der Freien Universität Berlin abgesetzt. Heute ist Ammon an der FU persona non grata und kann in Berlin nur noch an anderen Hochschulen Veranstaltungsräume bekommen. Sein Gesuch um Habilitation zog Ammon selbst zurück, auch aus seiner psychoanalytischen Fachgesellschaft trat er schon 1969 aus. Man vermutet, er sei damit dem drohenden Ausschluß zuvorgekommen. Von der angesehenen »Deutschen Gesellschaft für Psychotherapie, Psychosomatik und Tiefenpsychologie« wurde öffentlich klargestellt, daß Ammon trotz einer vollen analytischen Ausbildung zu Unrecht behaupte, selbst wesentliche therapeutische Erkenntnisse gewonnen zu haben. Daher könne die Ausbildung durch Ammon nicht anerkannt werden.

Der Weg führte in die fachliche Isolation, wenn auch nicht sofort in die äußere Erfolglosigkeit, im Gegenteil: In den folgenden Jahren gründete die DAP Ausbildungsinstitute in vielen Städten, es wurden ambulante Therapieangebote, Selbsterfahrungsangebote, Balintgruppen usw. organisiert, und in München wurde eine kleine psychiatrische Klinik in Obermenzing betrieben. 1978 wurde diese Klinik durch die größere psychiatrische Klinik Menterschwaige ersetzt. In Stelzereuth in den bayerischen Alpen wurde eine Tagesklinik betrieben. Viele der internen Tagungen und Treffen fanden in Italien statt, im Casa Ammon in Paestum, das Ammon gehört und in seinem Verhalten eine wichtige Rolle spielt. Auch davon wird im folgenden Dokument berichtet werden.

Ende der siebziger Jahre erreichte die DAP mit ihren assoziierten Gruppen die größte institutionelle Ausdehnung, danach ging es zahlenmäßig eher bergab. Dazu trug sicherlich die zunehmende Kritik von innen und außen bei, obwohl es den internen Kritikern nicht gelang, die beherrschende Rolle Günter Ammons zu beschneiden. Im Gegenteil, kritische Fachleute wurden aus der Organisation gedrängt oder flüchteten von sich aus. Einige von ihnen veröffentlichten 1980 ihre Erfahrungen unter dem entlarvenden Titel »In irrer Gesellschaft«[15]. Für den Fachmann sind diese Texte aussagekräftig, aber leider bleiben die Autoren zu sehr in ihrem gewohnten tiefenpsychologischen Denken stecken, als daß ihre Kritik eine breitere Öffentlichkeit hätte erreichen können. Immerhin findet Marga Löwer, eine der Autorinnen, folgende deutliche Worte an Günter Ammon:

»... die Macht, die Sie über Menschen ausüben können, sucht ihresgleichen. Leider ist es nicht die Macht eines in sich ruhenden Geistes, sondern eine demagogische, scharlatanische Führerschaft. Ein Mensch wie Sie, der es fertigbringt, so viele Menschen an sich zu binden und jede negative und ambivalente Regung bei seiner Gefolgschaft zu unterdrücken, muß ja in geradezu wahnsinniger Angst wittern, daß diese lange unterdrückte Kritik eines Tages zum Ausbruch kommt.«

Und der Düsseldorfer Psychoanalytiker Matthias Hirsch beschreibt seine Erfahrungen folgendermaßen: »Ammon hat sich nie in Frage stellen lassen, aber er hat uns in Frage gestellt, immer wieder vor unseren Patienten, vor den Kollegen, im Büro, auf der Straße sogar, bis an die absoluten Grenzen, bis zu den ›psychotischen Kernen‹. Soviel wir nach außen darstellen mußten, soviel Verantwortung wir auch – immer viel zu früh – tragen mußten, so klein, gering, nichtswürdig waren wir noch immer vor Ammon.

Diese Schmerzen haben uns wohl weitergebracht. Allein, ohne Gruppe, hätte ich die drei Ausbildungsjahre in Berlin nie ertragen, die Gruppe war schon ein Puffer, ein Vermittler, sie hat den einzelnen aufgefangen... Wenn auch die Mitglieder der Gruppe sich immer wieder verraten haben, sich immer wieder angeschwärzt haben, immer wieder eifersüchtig, neidisch und giftig um seine Gunst buhlten. Er wußte um diese Dynamik, er wußte fein zu verhindern, daß sich Mitglieder der Gruppe zu nahe kamen. Zweierbeziehungen wurden mißtrauisch beobachtet und oft genug zerstört. Er war ein Meister der Intrige, des Bündnisses des einen mit ihm gegen den anderen ...«

Wirksamer als die interne Kritik waren die Angriffe, die in Zeitschriften wie dem »Spiegel« und der »Süddeutschen Zeitung« gegen Ammon publiziert wurden. Daneben gab es kritische Rundfunksendungen und in der Folge eine Anzahl von Prozessen, mit denen die DAP sich gegen die kritischen Publikationen zur Wehr setzte. Dabei schnitt Günter Ammon, entgegen den eigenen Angaben, eher schlecht als recht ab. So mußte er die meisten der vom »Spiegel« vorgebrachten Behauptungen von Gerichts wegen zugestehen. Gegen »In irrer Gesellschaft« wurden – vermutlich der intimen Detailkenntnisse der Autoren wegen – meines Wissens keine rechtlichen Schritte unternommen. Fast grotesk wirkt die Gründung einer »Bürgerinitiative für Günter Ammon und sein Wirken für die Menschenrechte in der Psychiatrie«, ein von der DAP (und damit von Günter Ammon) gesteuertes Unternehmen. Es dürfte sogar im BI-freudigen Klima von 1980 einmalig gewesen sein, daß jemand eine Bürgerinitiative gründete, um sich selbst zu unterstützen. Aber selbstverständlich wurde diese »Bürgerinitiative« nie Mitglied im BBU, der Dachorganisation der Bürgerinitiativen, oder vertrat ernsthaft die basisdemokratischen Anliegen der Bürgerinitiativbewegung. Es wurde lediglich die damalige Werbewirkung des Begriffs »Bürgerinitiative« ausgenutzt, wie einige Jahre vorher die Werbewirksamkeit politisch »linker« Begriffe benutzt worden war.

Auch diese Politik, ständig die neuesten Anliegen der Alternativszene (scheinbar) aufzunehmen, hat inzwischen verblüffende Ausmaße erreicht. Gemäß dieser Politik stellt sich Günter Ammon heute öffentlich als Esoteriker und Anhänger der sogenannten New Age-Bewegung dar. Bei seinen Kongressen treten Mitglieder der hinduistischen Sekte »Brahma Kumaris« auf, und sogar ein indischer Geistheiler wurde mit großem Aufwand vorgestellt. Ammon und seine Mitarbeiter publizieren in den einschlägigen Zeitschriften der Okkultwelle wie »Esotera« oder »Magazin 2000«, und für die Klinik Menterschwaige wurde eine Oberarztstelle in der Rajneesh-Times ausgeschrieben.[16] Diese

Zeitung bildet das deutsche Organ der Bhagwan-Anhänger, die sich zur Zeit in Poona wieder um ihren arg gebeutelten Meister sammeln. Dem Kenner des okkulten Weltbilds fällt allerdings schnell auf, daß die esoterischen Aussagen Ammons eher oberflächlich bleiben und mit dem ernsthaften esoterischen Suchen wenig zu tun haben. Er eignet sich Schlagworte an, wie er es früher bereits getan hat, identifiziert sich jedoch keineswegs mit esoterischen Strömungen. Es scheint auch fraglich zu sein, ob die stark individualistisch geprägten Esoteriker, denen caritative Anliegen eher fern sind, überhaupt den Idealismus und das Engagement besitzen, um sich als Anhänger werben zu lassen. Vermutlich dürfte sich der zahlenmäßige Niedergang der DAP auf Dauer nicht mehr aufhalten lassen.
Außerdem schwebt über der DAP ein juristisches Damoklesschwert in Gestalt drohender Strafverfahren gegen die Verantwortlichen der Münchner Klinik Menterschwaige. Am 10. Dezember 1985 wurde die Klinik, vier an die Klinik angeschlossene »therapeutische Wohngemeinschaften« sowie die Räume der DAP in Berlin von einem großen Polizeiaufgebot durchsucht. Ausgelöst wurde die Maßnahme vom Gesundheitsamt München, das der Klinik eine bis zu 50%ige Überbelegung, schlechte hygienische Verhältnisse und andere Mängel vorwarf. Aufgrund der Vorwürfe des Gesundheitsamts und des beschlagnahmten Materials ermittelt die Staatsanwaltschaft München nach Zeitungsberichten wegen Steuerhinterziehung, Verstoßes gegen das Heilpraktikergesetz und Betrug an den Krankenkassen. Ein erster Prozeß scheiterte an einer schweren Erkrankung Ammons, die Neuaufnahme ist für die Jahresmitte 1989 zu erwarten. Der Versuch des Gesundheitsamtes, die Klinik sofort zu schließen, mißlang vor Gericht allerdings. Die Weiterarbeit wurde unter strengen Auflagen genehmigt, womit vor allem die bisherige Überbelegung (mit dem daraus gezogenen finanziellen Gewinn) nicht mehr möglich sein dürfte. Wenn die internen Zeichen nicht trügen, wirkt sich diese Einschränkung auf die Finanzlage der DAP bereits jetzt bedrohlich aus. Immerhin wird die Tätigkeit des Chefkonsiliarius Dr. Ammon von der Klinik Menterschwaige mit

DM 12000,– oder mehr pro Monat honoriert, eine finanzielle Belastung, die sich eine kleine Klinik im Grund nirgendwo leisten könnte.

Aber es hat wenig Sinn, über den weiteren Weg der DAP zu spekulieren, obwohl die Vermutung naheliegt, daß es sich um eine Zerfallsgeschichte handeln wird. Es ist wichtiger, aus der bisherigen Geschichte zu lernen, und dazu sollen die Texte in den beiden folgenden Kapiteln II und III herangezogen werden. Beide wurden von wichtigen Mitarbeitern Ammons verfaßt, die sich über längere Zeit nahe am Zentrum der Macht aufhielten. Beide sind mit der Publikation einverstanden, obwohl zumindest aus dem Text von Kapitel II der richtige Name von Frau Lohmann erschließbar sein dürfte. Es handelt sich um einen fortlaufenden und ausführlichen Bericht, der notwendigerweise so viele Einzelheiten enthält, daß eine Verschleierung für Kenner der DAP nicht möglich ist. Mit dem Text von Kapitel III steht es anders. Er enthält keinen Bericht, sondern Gedankensplitter und Kommentare zu einzelnen Punkten der DAP-Praxis. Sie sind vor allem deshalb von Wert, weil sie das Kapitel II aus anderer Sicht ergänzen. Wo ein direkter Bezug besteht, wurde dies im Text vermerkt.

Die einzelnen Teile in beiden Kapiteln wurden von mir in etwa (bis auf Kürzungen) so numeriert, wie sie nach und nach geschrieben wurden. Beide Texte entstanden über einen längeren Zeitraum hin und zeichnen Entwicklungslinien nach, die besonders in Kapitel II deutlich zum Ausdruck kommen.

Es ist mir außerdem wichtig zu erwähnen, daß trotz der wissenschaftlichen Absicht dieses Buches beide Texte mehr sind als Material für die psychologische Forschung: Sie sind menschlich anrührend, erschütternd und erschreckend, sie drängen zur eigenen Stellungnahme und zum Mitgefühl.

II Ein Rückblick auf zehn Jahre DAP

Lieber Herr Hemminger,
hier kommt das erste Stück meines Berichts. Ich hatte am Montag eine schwere Depression, danach packte mich eine Wut, die ich gar nicht mehr in den Griff bekam. Seit ich diese Wut gespürt habe, habe ich das Gefühl, als regte sich dahinter wieder einige Lust zum Leben. Aber leider geht es nicht immer so weiter...
Für mich ist zuerst die Frage wichtig, wie ich in so eine Abhängigkeit geraten konnte. Eben sitzt eine Patientin aus Menterschwaige bei mir, die ihre Erfahrungen in der Klinik immer gleich dem Gesundheitsamt weitergibt, fast wie Wallraff in »Ganz unten«. Warum konnte ich nicht tun, was sie kann? Ich bin froh, daß ich mit dem Schreiben begonnen habe, sonst bliebe alles wie ein Kloß in mir sitzen. Ich habe auch angefangen, mit Leuten aus meiner DAP-Zeit Kontakt aufzunehmen. Die sind gar nicht so böse auf mich, wie ich gefürchtet habe. Es kommt mir zugute, daß ich nie am Lehr- und Forschungsinstitut und seinen Machtkämpfen beteiligt war, sondern immer in der Klinik an konkreten Problemen arbeiten mußte.

1. Erste Schritte in die Abhängigkeit

Die DAP hat mir so viel Zeit meines Lebens geraubt, Zeit, die ich als treue Anhängerin dieser Institution zubrachte. Ich habe viel zu lange mitgemacht, geblendet vom Charisma eines Pseudowissenschaftlers, der sich selbst an Gottes Stelle setzte. Ich konnte mich gegen ihn nicht wehren.
Sehe ich mir meinen Wortschatz an, wird mir manchmal schlecht – und noch viel öfter wird es anderen Menschen schlecht. Ich rede von Identität, von konstruktiv und destruktiv, von »im Kern

erreicht«, von Symbiose. Ich kann gar nicht mehr wie ein normaler Mensch denken, alles hat mit Therapie oder Gruppendynamik zu tun. Das quält mich und sitzt doch in mir drin, wie ein Dorn in meinem Fleisch. Die Operation, die Eiterbeule mit all ihren Taschen und Ausbreitungen in meiner Seele zu entfernen, ist eine Operation ohne Narkose. Sie tut weh, ich kann es manchmal nicht ertragen, der Schmerz wird zu groß.
Dabei sah am Anfang alles so gut aus, viel besser als in der Psychiatrie, die ich kannte oder von der ich gelesen hatte. Aber ich will der Reihe nach erzählen: Als ich in die DAP geriet, befand ich mich gerade in einer beruflichen und seelischen Krise, die mir aber nicht richtig bewußt wurde. Es war 1975, ich war Krankenschwester im Raum München und nahm mit viel Engagement an einer großen Fachveranstaltung teil, die in München stattfand. Dabei trat ich – auch durch persönliche Probleme bedingt – in einer strittigen Frage ziemlich energisch auf. Ich hatte mich exponiert, fühlte mich unsicher und suchte nach Klärung und Unterstützung. Damals war die Psychotherapie auf dem Höhepunkt ihrer Popularität, und es lag nahe, daß ich mich nach kompetenten Therapeuten umsah. Leute, die mir zusagten, fand ich noch während der Veranstaltung im Lehr- und Forschungsinstitut (LFI) der Münchner DAP, wo es nach meinem Eindruck angenehm »alternativ« zuging. Man hörte mich dort an, man sagte mir aber auch gleich, wie krank ich eigentlich sei und daß ich eine Einzeltherapie anstreben solle. Außerdem müsse ich, so sagte man, in eine Gruppe integriert werden. Ich fühlte mich, anders als in den Konflikten mit den Kollegen, im LFI verstanden. Die hatten wenigstens begriffen, wie schlecht es mir wirklich ging, die würden mir auch helfen!
Heute weiß ich, wie unkritisch ich mich schon damals beeinflussen ließ: Ich hatte es im Grund ja nur mit der Angst zu tun, ich hätte den Leitern der Veranstaltung gegenüber meine Kompetenzen überschritten. Hätte ich diese Situation realistisch verarbeitet, dann hätte ich sicherlich etwas über mich selbst lernen können. Aber bei der DAP – und leider auch bei mir – wurde aus diesem Konflikt sofort eine schwere psychische Krankheit. Niemand

interessierte sich dafür, warum ich eigentlich Hilfe suchte, niemand versuchte, die momentanen Verwicklungen zu verstehen. Sonst hätte ich nach einigen Klärungen im Gespräch wieder zu meiner Veranstaltung zurückkehren können. Statt dessen beschäftigte man sich mit meiner Vergangenheit, und dort war natürlich vieles in Unordnung. Bei wem wäre es anders gewesen? So ging ich also nicht zurück, sondern wurde freundlich in das Institut aufgenommen und begann mit der Gruppenarbeit. Dabei kam es übrigens – wie ich heute sehen kann – zu meinem letzten Versuch, mich der Umarmung durch die DAP zu entziehen. In der ersten Gruppensitzung erlitt ich einen schweren Angstanfall und wollte wegrennen. Aber diese Reaktion wurde von den Therapeuten natürlich sofort in das Krankheitsbild eingeordnet. Jetzt war es noch deutlicher, wie sehr ich therapeutische Hilfe benötigte.

In den folgenden Gruppensitzungen fühlte ich mich zuerst recht wohl. Es gefiel mir, daß die Therapeuten ungezwungen mit uns verkehrten, daß es scheinbar keine strenge Trennung von Patient und Therapeut gab. Ich ließ mich gefühlsmäßig immer mehr auf die Gruppe ein, ging regelmäßig hin und belegte zusätzlich teure Einzelsitzungen bei dem Therapeuten, der die Gruppe leitete. Das Ergebnis war, daß ich nach einigen Monaten das Gefühl hatte, meinen Platz in der Gruppe gefunden zu haben. Allerdings hatte sich auch mein Glaube an meine »psychische Krankheit« verfestigt. Erst dann begannen die Angriffe, die – wie ich noch nicht wußte – für die DAP-Gruppen typisch sind. Ich wurde mit Aggressionen regelrecht bombardiert. Den Gegenpol zu mir bildete in der Gruppe ein Mädchen, das sehr schön, aber völlig verwahrlost war. Der Therapeut himmelte sie an, während ich immer mehr zum Sündenbock wurde. Ich war für ihn nicht attraktiv, dafür war ich energisch und tüchtig im Beruf, in vieler Hinsicht das Gegenteil der anderen Patientin. Da der Therapeut sich für sie und gegen mich engagierte, wurden meine guten Eigenschaften und meine Beiträge ständig entwertet. Dadurch fing ich an, in der Gruppe unendlich zu leiden. Ich hatte dort keinen sicheren Ort mehr. Ich wurde immer angepaßter, ich wollte dem Therapeuten damit gefallen, aber es war umsonst.

Außerdem entfremdete ich mich von meinem Mann, getreu dem Slogan, man müsse sich aus alten Beziehungen lösen, um sich zu verändern. Das klang für mich damals durchaus plausibel. Die Widersprüchlichkeit der ganzen Situation wurde mir erst viel später klar: Gerade die DAP nimmt für sich in Anspruch, einen Weg gefunden zu haben, die Person mit der Sündenbock-Rolle (die es in vielen Therapiegruppen gibt) in die Gruppe integrieren und therapeutisch entlasten zu können. Am eigenen Leib habe ich das Gegenteil davon erfahren. Und wie beziehungsfeindlich das angeblich therapeutische Ziel der »Ablösung um jeden Preis« war und ist, wird mir erst im nachhinein wirklich deutlich.
Der Versuch, einem Therapeuten zu gefallen, der mich so oder so nur ablehnte, entzog meinem eigentlichen Leben langsam den Boden. Nicht nur die Beziehung zu meinem Mann wurde in Frage gestellt, sondern ebenso meine berufliche Tätigkeit. Sie bedeutete mir viel: Ich arbeitete unter schwierigen Bedingungen in einem Kreiskrankenhaus in der septischen Abteilung. Dort war ich sehr anerkannt, da ich eigene Arbeitsmethoden entwickelt hatte, die bei der Behandlung großer Wunden überaus erfolgreich waren. Zudem betreute ich sterbende Krebskranke. Ich nahm mir für die Gespräche mit diesen Patienten viel Zeit, vertröstete nicht nur, sondern stand Rede und Antwort. Das hatte ich aus den Büchern von Elisabeth Kübler-Ross gelernt. Aber all das fand in der Therapiegruppe nicht nur keine Anerkennung, sondern man warf mir vor, ich sei »fassadär«, ich nehme die Arbeit als Ersatzbefriedigung, um mich nicht mit mir selbst auseinandersetzen zu müssen. Die Folge davon: Ich fühlte mich immer kränker und ließ auch in meinen beruflichen Fähigkeiten nach. Die Anerkennung im Beruf ging mir zunehmend verloren, und auch zu Hause fand ich durch den Konflikt mit meinem Mann keine Stütze mehr. Ich driftete langsam in ein inneres und äußeres Chaos, das ich nicht mehr durchschauen konnte.
Man wird fragen, warum ich die Gruppe nicht einfach verließ, in der ich so sehr litt. Hier spielte wohl meine Vorgeschichte eine Rolle: Ich komme aus schwierigen Familienverhältnissen und habe schon als Jugendliche eine Psychoanalyse durchgemacht. Die

Rolle des angegriffenen, sich trotzig und vergeblich wehrenden Sündenbocks war mir vertraut, und in diese Situation der Hilflosigkeit wurde ich in der Gruppe zunehmend zurückgeworfen. Man sagte mir, ich hätte eben noch nie eine richtige Therapie gemacht, die komme erst jetzt. Der Zeitpunkt, um mich gegen diese im Grund unverschämte Unterstellung zu wehren, war schon längst verpaßt, es ging nur noch bergab. Alle Therapeuten und Mitpatienten sahen zu, wie es mir ständig schlechter ging, und nannten diesen Prozeß »Therapie«. In den Augen der DAP war es auch »Therapie«, weil ich jetzt völlig bereit war, mein Leben in jeder Hinsicht zu ändern. Erst jetzt konnte »etwas aus mir werden«. Daß etwas ganz anderes hätte aus mir werden können und daß ich Familie hatte, daß ich meine Arbeit liebte und sie gut tat, das zählte nun nicht mehr. Und ausgerechnet in dieser Lage, als alles am Schwanken war, als ich nicht wußte, wovon ich mich zuerst trennen sollte, ob von der Arbeit oder von meinem Mann, da seilte sich unser Therapeut einer Liebschaft wegen nach Düsseldorf ab.

Meine Reaktion darauf war die schlimmstmögliche: Ich merkte zuerst nicht einmal, ob mir der Verlust etwas bedeutete oder nicht, ich lief herum wie eine Traumwandlerin. Ich suchte mir noch eine neue Wohnung, litt aber ständig und wußte nicht, wohin ich gehen und wo ich Hilfe finden sollte. Eine neue Beziehung zu einem anderen Therapeuten kam in der Eile natürlich nicht zustande. Und dann muß ich mich irgendwann heimlich auf meine Station begeben haben, um so viel Gift zu entwenden, daß ich meinem Leben ein Ende hätte machen können. Es muß so gewesen sein, aber ich kann mich an keine meiner Handlungen erinnern. Ich spritzte mir sehr viel Gift, holte vorher aber noch Hilfe herbei, und dies rettete mich. Ich kam gerade noch rechtzeitig in die toxikologische Abteilung, wo ich nach drei Tagen künstlicher Beatmung wieder erwachte. Beim Erwachen sah ich ein liebevolles Gesicht, das mich anblickte. Ich werde diesen Blick mein Lebtag nicht mehr vergessen, ich hatte so etwas schon monatelang nicht mehr erlebt. Ich war froh, gerettet worden zu sein. Und noch heute bin ich dafür dankbar, auch wenn

es später in der DAP Situationen genug gab, in denen ich am liebsten sofort aus dem Fenster gesprungen wäre.
Den Außenstehenden wird vielleicht am meisten erstaunen, daß keiner der DAP-Therapeuten mir angemerkt hatte, wie weit es mit mir gekommen war. Schließlich war ich in einer verzweifelten Situation gewesen: eine abrupt abgebrochene Therapiebeziehung, während ich gerade meinen Mann verlassen wollte, Schwierigkeiten im Beruf, keine Kollegen mehr, die zu mir hielten. Mein Mann bekam in dieser Lage den ganzen Haß ab, der eigentlich auf das Institut zielte. Ich glaube, ich konnte es damals einfach nicht fertigbringen, ihn zu verlassen. So schien es für mich ein Weg aus dem Dilemma zu sein, mir das Leben zu nehmen.
Das plötzliche Verschwinden des Therapeuten, der vorher die Gruppe von sich abhängig gemacht hatte, schuf übrigens für alle Teilnehmer sehr ernste seelische Belastungen. Eine andere Frau, die besonders an ihn gebunden gewesen war, brachte sich um, und niemand konnte ihr mehr helfen. Wenig später tötete sich ein weiteres Mitglied seiner Gruppe. Es klingt unglaubhaft – zwei Suizide und ein ernsthafter Suizidversuch kurz hintereinander – aber so war es. Mein weiterer Bericht wird nur dem verständlich sein, der nachfühlen kann, daß es in der toxikologischen Abteilung, Wachsaal A, wirklich menschlicher und »therapeutischer« zuging als in der DAP mit ihrem »humanistischen« Anspruch.
Was nun? Eigentlich hatte ich mein ganzes Leben ruiniert. Wegen der Entwendung des Gifts hatte ich mit einer Anzeige zu rechnen und konnte mein Diplom verlieren. Meinem Mann hatte ich die Trennung angekündigt. Meine einzige Freundin war zu der Zeit in Urlaub, aber sie kam Gott sei Dank bald zurück. Wenn sie nicht gewesen wäre, hätte ich heute kein Diplom mehr. Noch von der Klinik aus schickte sie mich zur »Arche« (einer Selbsthilfeeinrichtung für suizidale Menschen). Mein neuer DAP-Therapeut kümmerte sich um solche Dinge nicht, er hätte den Dingen ihren Lauf gelassen. Die »Arche« dagegen schrieb einen Brief an meine Klinik. Das Ergebnis war, daß ich dort selbst kündigen durfte und daß kein Strafantrag gestellt wurde. Ich bin dieser Klinik dankbar

dafür, denn so hat sie mir einen zusätzlichen sozialen Abstieg erspart.
Während ich dies alles berichte, blutet mir das Herz. Ich merke, daß ich damals noch Freunde außerhalb der DAP hatte, daß sich Menschen um mich bemühten, deren Fürsorge ich schon fast nicht mehr wahrnehmen konnte. Anstatt ihnen zu danken, war ich damals der DAP dankbar: Man bot mir nämlich an, ich könne als Patientin in die Klinik Obermenzing, die Münchner psychiatrische Klinik der DAP, kommen, wenn ich mich anständig verhielte – das hieß, wenn ich keinen Selbstmordversuch mehr machte. Die Alternative war die Universitätsklinik. Dort hätte man mir vermutlich nicht viel geholfen, mich aber sicherlich auch nicht abhängig gemacht. Ich entschied mich für die Klinik der DAP und damit für die weitere Bindung. Ich hatte damals immer noch die Phantasie, ich sei abhängig von meinem Mann; meine tatsächliche Abhängigkeit sah ich nicht. Als ich in der Klinik ankam, war diese fast leer, da die Patienten tagsüber mehr oder weniger tun konnten, was sie wollten. Eine Krankenschwester empfing mich mit den Worten: »Machen Sie sich nichts daraus, wenn sie kein Diplom mehr haben. Man kann auch mit Putzen sein Geld verdienen.«
Tatsächlich war ich später gezwungen, durch Putzen Geld für meine Therapie zu verdienen. Es war weit mit mir gekommen zu der Zeit, als ich in die Klinik aufgenommen wurde. Ich hatte kaum noch etwas, auf das ich stolz sein konnte und was mir an mir selbst gefiel.

Die Zeit als Patientin in der Klinik Obermenzing trug sehr dazu bei, daß ich so fest an die DAP gebunden wurde. Es begann bei einem Gespräch mit dem Klinikleiter. Er hatte stechende Augen, die mir das Gefühl gaben, er könne meine heimlichen Gedanken erraten. Dabei wollte ich überhaupt nichts verheimlichen. Aber ich konnte auch nicht ehrlich über meine Empfindungen sprechen, schließlich war ich wieder bei denjenigen Menschen, die mich so sehr verletzt hatten. Also weitere Abhängigkeit, inneres Verleugnen des Leidens, nicht wahrnehmen, was wirklich vorgeht

und – darin bin ich später perfekt geworden – das Schlucken all der vielen Verletzungen, die mir weiter zugefügt wurden.
In der ersten Großgruppe, in der sich alle Patienten mit dem Chefarzt trafen, wurde ich von einem Patienten als »die Giftmischerin« begrüßt. Wie unmenschlich, wie erniedrigend wurde ich behandelt! Wenn ich daran zurückdenke, wundert es mich nicht mehr, daß ich jetzt so oft das Gefühl habe, nichts zu gelten und mich vor allen Menschen verstecken zu müssen. Wie lange wird es dauern, bis ich wieder gelernt habe, daß nicht alle Menschen so grausam sind, daß es Menschen gibt, die mich mögen, sogar ohne mich genau zu kennen? Ich halte mich geradezu an der einen Erfahrung fest, die ich mit der netten Schwester in der toxikologischen Abteilung machte.
Auch außerhalb der Gruppen war die erste Zeit in der Klinik bedrohlich für mich. Es gab Alkoholiker, die eine Art von Terroristenverein bildeten; die übrigen Patienten nannten sie »das Syndikat«. Diese Leute wurden auch gewalttätig, besonders wenn kein Mitarbeiter in der Nähe war. Es flogen oft Teller um unsere Köpfe, und anstatt Therapie zu erhalten und Hilfe zu erleben, mußte man aufpassen, nicht körperlich verletzt zu werden. Schließlich trat ich diesen Leuten aggressiv entgegen, denn nach meinem Empfinden hatte ich nichts mehr zu verlieren. Ich tat damit das, was eigentlich Sache des Chefarztes gewesen wäre. In der Konfrontation mit dem »Syndikat« mußte ich wieder einmal viel Angst und viele Angriffe ertragen, bis die Klinikleitung endlich etwas unternahm: Man führte so etwas wie eine Milieutherapie ein, so daß jeder sagen mußte, was er den Tag über tun wollte. Niemand durfte nach 21 Uhr mehr die Klinik verlassen, was sich das »Syndikat« nicht gefallen lassen wollte. Mit dem Durchsetzen dieser Maßnahme wurde daher auch die Terrorgruppe gesprengt, und es herrschte ein wenig mehr Ordnung. Aber wir lagen immer noch in kleinen Zimmern mit viel zu vielen Menschen. Oft fand man Tag und Nacht keine Ruhe. Und die Pflegekräfte waren überhaupt nicht psychiatrisch ausgebildet. Eines Nachts erlebte eine Patientin in meinem Zimmer furchtbare Angstzustände, verbunden mit Wahnvorstellungen. Die Kran-

kenschwester reagierte folgendermaßen: Sie holte das Blutdruckgerät, maß den Blutdruck und sagte der Patientin, der Druck sei in Ordnung, sie brauche sich keine Sorgen zu machen. Weiter geschah nichts.

In den ersten Wochen in der Klinik setzte ich mich neben den Konflikten mit den gewalttätigen Alkoholikern auch für andere Patienten ein. Der Klinikchef sah das sehr gerne, er betrachtete mich als eine Art billige Mitarbeiterin und gestand mir zu, meine Meinung zu sagen. Nach einiger Zeit wurde ich – ganz anders als früher – der übrigen Therapiegruppe als gutes Beispiel hingestellt. Die Überraschung war groß, als ein psychologischer Test ergab, daß ich immer noch hochgradig suizidgefährdet sei.

Insgesamt muß ich im Rückblick sagen, daß ich als Patientin sehr schlecht behandelt und menschlich mißachtet wurde. Sogar mein Geburtstag wurde in der Klinik vergessen. Dabei hatten die DAP-Therapeuten den Anspruch, besser als jede andere Schule zu arbeiten. Welche Überheblichkeit liegt in diesem Anspruch, und welche Blindheit war bei mir entstanden, daß ich nichts davon bewußt wahrnehmen konnte! Früher hatte ich mich stets besonders um die Wahrung der Menschenwürde bei meinen Patienten bemüht – meine eigene Würde gab ich fast kampflos auf. Für mich selbst reichte die schlechteste Behandlung aus.

Bisher habe ich geschrieben ohne zu merken, daß ich immer in die Gefühle aus der Situation zurückfalle, die ich schildere. Ich werde so sehr in die Schilderung hineingezogen, daß es mir nicht gelingt, die Vorgänge aus der Distanz heraus zu verstehen. Die Tragik der Ereignisse, durch die ich meinen Mann, die Freunde und den Beruf verlor, wird für mich ebenfalls nicht richtig spürbar. Ich glaube, dadurch wird es auch für die Leser nicht einsichtig, warum ich der DAP so unkritisch verfallen konnte. In Wirklichkeit war es nicht das erste Mal in meinem Leben, daß ich aus einer konfliktreichen Situation ausbrach, um in eine scheinbar bessere hineinzuflüchten. Ein bestimmtes Märchen, nämlich »Hänsel und Gretel«, hat mich bereits als Kind sehr beschäftigt. Ich stellte mir immer vor, daß ich zusammen mit meiner Schwester flüchten würde, wenn es uns zu Hause so schlecht erginge wie den Kindern im Märchen. Später als Jugendliche bemerkte ich dann, daß meine eigene Familie »stiefmütterlich« genug mit mir umging und daß ich aus ihr nur in der Phantasie geflohen war. Durch diese Einsicht wurde ich vielleicht nicht klüger, aber skeptischer, und ich brach tatsächlich aus: Noch als Jugendliche ging ich ohne englische Sprachkenntnisse nach Schottland, begann die Lehre als Krankenpflegerin und erreichte sogar das Diplom. Wie im Märchen kehrte ich danach ins Elternhaus zurück, aber in meinem Fall war der »böse« Elternteil nicht gestorben; es war eine Rückkehr in die Tyrannei. Ich muß davon erzählen, denn sonst wird letztlich doch nicht verständlich, was ich in der DAP erlebte.

Ob sich meine Eltern schon bei meiner Geburt einen Jungen gewünscht hatten, weiß ich nicht. Es kann aber so gewesen sein, denn von klein auf hieß ich überall »Hans«. Nur wenn ich etwas angestellt hatte, war ich für meine Mutter »Sonja«. Sie sang mir auch Schlaflieder vor wie »Leise, Hänschen, leise, der Mond geht auf die Reise...« Von Anfang an wußte ich nicht, ob ich ein Junge oder ein Mädchen sein sollte. Und da ich nun einmal kein Junge war, war ich neugierig darauf, wie Jungen aussehen. Als ich gerade schulreif geworden war, sahen wir uns bereits in die Hose und faßten uns an. Das wäre wohl nicht schlimm gewesen, aber wehe, ein Erwachsener sah uns. Dann war man plötzlich ein Schwein und überhaupt »igittigittigitt«. So etwas passierte mir öfters, bis ich in der Schule deshalb vor den Direktor zitiert wurde, danach hatte ich die Nase von Buben voll. Erst jetzt fällt mir auf, daß die beteiligten Buben eigentlich gar nicht bestraft wurden. Auf jeden Fall war Sexualität danach etwas für mich, was man selbst heimlich unter der Decke treibt. Mit anderen ging das nicht, man blieb »sich selbst treu«, und schon war da das nächste, innerliche »igittigittigitt«. Als ich zwölf Jahre alt wurde, eine Brust bekam und schon menstruierte, schlug mir mein Vater vor, ich könnte mich zum Jungen umoperieren lassen. Rein äußerlich war ich bis dahin auch tatsächlich wie ein Junge.

Danach machte sich mein Vater immer über mich lustig. Er meinte, ich könnte mir ja auch eine Hasenpfote hinnähen lassen. Die Assoziation mit »Hasenfuß«, die ihn wohl bewegte, habe ich damals gar nicht herstellen können. Mein Vater tat mir entsetzlich weh und hat das niemals bemerkt. Meine Mutter sprach nicht, aber sie schaute mich immer so obszön von oben bis unten an. Ich wußte nie, was sie wollte, ich haßte sie für diesen Blick. Eigentlich wäre es verständlich, wenn ich in dieser Situation eindeutig homosexuell geworden wäre, aber so habe ich mich selbst nie erlebt. Allerdings schwärmte ich eine ganze Zeitlang für Frauen, was meine Umwelt normal fand (und was auch normal war). Für meinen Vater war es nicht normal: Bevor ich nach Schottland ging, wurde ich oft stundenlangen Verhören unterzogen, weil ich eine Beziehung zu einer Gemeindeschwester der evangelischen Kirche hatte. Ich verstand damals gar nicht, was mein Vater eigentlich von mir wissen wollte, aber die Verhöre waren grauenhaft. Am schlimmsten war, daß meine Mutter dabei saß, mich gequält anschaute und immer nur meinte, sie könne mir nicht helfen. Ich weinte, ich flehte sie an, aber sie half mir nicht.

Diese und andere Erlebnisse meiner Kindheit haben mich zu einem Doppelleben gezwungen. Ich lebte zu Hause anders als draußen; meine Familie war zu den Nachbarn freundlich, zu den eigenen Kindern grausam – und schließlich wurde ich selbst in meinem Innern anders als in meinem äußeren Verhalten. Nach außen hin war ich kämpferisch, zum Beispiel fand ich mich in der Schule mit nichts ab, was ich nicht gut fand. Ich trat für andere Schülerinnen ein, von denen ich meinte, sie würden vom Lehrer schlecht behandelt. Aber für mich selbst konnte ich mich wenig einsetzen, innerlich nagte stets das Gefühl an mir, ich sei doch irgendwie schlecht und verdiente weder Gerechtigkeit noch Liebe. Dadurch wurde die Schulzeit leider für mich eine Zeit der Kämpfe und Mißverständnisse. Erst später, zum Beispiel als Jugendliche in Schottland, machte ich bessere Erfahrungen mit den Menschen um mich herum.

Dieses Doppelleben mit inneren Nöten und äußerer Tatkraft ist zum Verständnis meines weiteren Schicksals unerhört wichtig: Kein Mensch hätte mir so das Kreuz brechen können, wie es in der DAP geschah, wenn dafür innerlich durch meine tief verwundete Selbstachtung, durch meine Sehnsucht nach Liebe, nicht ein fruchtbarer Boden vorhanden gewesen wäre. Aber vor der Zeit in der DAP war es mir gelungen, trotz der Last der Kindheit, etwas aus meinem Leben zu machen. Als Jugendliche hatte ich, wie ich bereits erwähnte, die Unterstützung und Hilfe einer Therapeutin, die jedoch nicht versuchte, sich in meine Lebensgestaltung einzumischen. Nach der bestandenen Krankenpflegeausbildung in Schottland heiratete ich einen interessanten Mann mit vielen Fähigkeiten. Er hatte mit großem Erfolg Kunst studiert, mußte dann aber aus finanziellen Gründen umsatteln. In der Abendschule absolvierte er eine Ausbildung zum Flugzeugbauingenieur und legte gleichzeitig die Prüfung zum Werkstattmeister ab. Was uns zuerst verband, war die Liebe zum Bergsteigen, wir planten, gemeinsam die höchsten Berge der Welt zu besteigen. Als wir dann einen Sohn bekamen, war der Gedanke natürlich unausführbar, wir konnten nur noch wenige Touren gemeinsam unternehmen. Wohl auch deshalb empfand ich das Leben als Hausfrau und Mutter als hart. Wir waren damals gerade in eine ländliche Gemeinde in der Nähe von München gezogen. Wir hatten noch keine Freunde, und dadurch saß ich den ganzen Tag mit dem Sohn allein zu Hause. Ich bin in dieser Isolation fast verrückt geworden. Auch mit meiner Sexualität hatte ich weiter Schwierigkeiten, immer wieder kreisten meine Gedanken um die Frage, was ich eigentlich bin – ein Mann oder eine Frau? Mit meinem Mann verband mich eine innerliche Freundschaft, aber eine echte sexuelle Liebesbeziehung habe ich selbst zu ihm, glaube ich, nie gefunden.

Diese und andere Schwierigkeiten – es gab Eifersuchtsgefühle zwischen meinem Mann und unserem kleinen Sohn – waren Probleme von einer Art, wie viele junge Mütter sie erleben. Ich ging sogar in München zur Erziehungsberatung, aber das hätte ich mir auch sparen können. Die Beraterin konnte von dem Problem nicht das geringste verstehen. Alle diese Schwierigkeiten lagen, wenn ich jetzt zurückschaue, verglichen mit meinen Erfahrungen in der DAP noch im Rahmen des Erträglichen. Und als ich später in den Beruf zurückkehrte, erfuhr ich dort neue Befriedigung und Bestätigung. Ich meinte zeitweise sogar, durch diese Anerkennung könne ich auf sexuelle Erfüllung verzichten – ein Irrtum. Ich geriet in eine erotische Beziehung mit einer Kollegin, die mir seelisch sehr zu schaffen machte. Ich suchte fachliche Hilfe, aber das Problem meiner Sexualität wurde nicht wirklich beachtet, schließlich konnte und wollte ich auch nicht weiter darüber sprechen. Ein Stück innerer Not blieb mir, und es wurde mir später zum Verhängnis.

2. Unterdrückte Wut

Nachdem ich wieder vier Seiten meines Berichts geschrieben habe, sitze ich hier mit einer Bombenwut. Ich weiß nicht, wo ich mit einer solchen Wut hin soll. Seit 1975, als ich Patientin der DAP wurde, ist mir kein Zorn mehr möglich gewesen. Ich mußte den Zorn schlucken, ich konnte ihn überhaupt nicht mehr spüren. Ich habe nur immer eine Art Nebel- oder Kloßgefühl in mir bemerkt. Hätte mich jemand gefragt, ob ich wütend werden könnte, ich hätte »nein« sagen müssen. Jetzt, nach 10 Jahren, steigt endlich die Wut in mir hoch; sie ist fast nicht zu ertragen. Ich wußte nicht, daß es in mir so aussieht – kein Wunder, daß ich wie gelähmt bin und nichts mehr tun kann! An eine berufliche Tätigkeit ist schon gar nicht zu denken. Ich habe das Gefühl, daß mir das Rückgrat gebrochen wurde und nichts mich heilen kann. Von wegen krank! Ich bin unterdrückt, unterdrückt und nochmals unterdrückt worden!!! Ich könnte es in allen Zeitungen schreiben, aber daß ich selbst es endlich kapiere, das ist noch viel wichtiger. Beinahe hätte ich noch einmal Hand an mich gelegt, damit Ammon sieht, was er mit seinen Mitarbeitern macht. Aber er hätte es doch nicht auf sich bezogen. Er hätte es als Bestätigung genommen, wie krank ich doch eigentlich schon immer gewesen sei und wie lieb es von ihm sei, mir so sehr unter die Arme zu greifen, daß ich jahrelang für ihn hätte arbeiten können.
Wie viele Jahre habe ich verzweifelt darum gekämpft, für Günter Ammon immer noch besser und immer noch mehr zu arbeiten, um ein wenig Anerkennung von ihm zu kriegen. Dabei hätte ich

viel leichter Bestätigung finden können, wäre ich nur einfach weggegangen. Jetzt will ich an seinem Untergang beteiligt sein, vielleicht hilft mir das selbst wieder auf die Füße. Ich fühle mich im Moment wie im Widerstand im Dritten Reich, nicht ganz ohne Grund, denn Ammon ist gefährlich. Er kommt auf Ideen von solch einer Bösartigkeit, die man sich selbst nicht ausdenken kann. Außerdem darf man nicht vergessen, daß Ammon ein Menschenverächter ist, der auch von sich selbst wenig hält. Er hat nichts zu verlieren, aber unsereins hängt am Leben und will selbst seinetwegen nicht mit dem Gesetz in Konflikt kommen.

Stundenlang könnte ich diesen Mann mit Worten zertreten, der immer nur zerstörte, was man für sich aufzubauen versuchte. Es fällt mir in meiner Wut schwer, nichts zu unternehmen, denn nicht weit von hier sitzt Ammon und wird sicherlich von allen bedauert, weil das böse Gesundheitsamt gegen ihn vorgeht und seine Frau mit ihm prozessiert. Er hat es ja immer »so gut gemeint«, aber alle sind »so böse« zu ihm. Seine Anhänger werden Mitleid mit ihm haben, weil sie nicht jedes Unglück, das er doch selbst bedenkenlos zufügt, von ihrem Herrn fernhalten konnten. Du arme Frau B., eben warst du noch in Ungnade, jetzt stehst du doch wieder als wichtige Stütze an Ammons Seite! Was wäre sonst auch aus dir geworden? Aber der Kelch ist noch nicht endgültig an dir vorübergegangen, deine Stunde kommt noch! Hoffentlich wirst du dann mit der Schuld fertig, alle deine Freunde immer wieder verraten zu haben. Du warst sogar zu feige, deinen Freunden die Freundschaft selbst aufzukündigen, das hast du Ammon machen lassen. Eines Tages werde ich auch meine Rechnung mit dir begleichen, dann gnade dir Gott! Du hast mich fallenlassen, du hast für meine Klinikeinweisung gesorgt, obwohl du wußtest, wie sehr ich darunter litt. Du hast mich schändlich belogen, aber deine Visage lächelt immer nur. Bist du noch ein Mensch, woher kommst du? Vielleicht kann man dich nicht mehr verletzen, vielleicht bist du nur noch eine Qualle?

Ich denke auch an dich, Frau M., von dir habe ich nie etwas gehalten. Drei kleine Kinder hast du im Stich gelassen und nicht erst wegen Ammon, sondern schon wegen der ach so lieben B. Du hast immer das nachgequatscht, was der sagte, vor dem du am meisten Angst hattest. Es war ganz egal, was der behauptete. Bereits deine Stimme ist eine Beleidigung für das Ohr, aber schließlich trägst du all das selbst mit dir herum, ich schreibe nur darüber. Heute maßt du dir schon wieder an, anderen mitzuteilen, was du denkst. Dabei denkst du gar nicht mehr selbst, du bist »im Kern erreicht« und merkst es nicht. Aber ich nehme dir übel, daß du nicht nur selbst verkommst, sondern auch noch Patienten »therapierst«, ohne irgend etwas davon zu verstehen. Welch ein Größenwahn! Aber vergiß nicht, zwar handelt durch dich nur Ammon – aber die Verantwortung trägst du trotzdem selbst. Es kommt der Tag, an dem du keinen Ammon mehr hast, und dann kann ich nur hoffen, daß du nicht völlig alleine bleibst, denn ein Zusammenhalten kennt deinesgleichen nicht.

Ich möchte weiter berichten, aber ich weiß nicht wie. Die Wut wird unerträglich, wenn ich nur daran denke, was mir in der kurzen Zeit angetan wurde, die ich bisher beschrieben habe. Meine Familie hat mir sehr geschadet, aber ich habe es doch irgendwie geschafft, mich zu retten, und sie haben diese Ablösung letztlich auch zugelassen. Aber alles, was mir etwas bedeutete, haben diese Therapeuten zerstört, indem sie eine Krise ausnutzten. Aus den Eheproblemen, aus meiner inneren Not wurde eine furchtbare psychische Krankheit, und sie wurden die einzigen kompeteten Helfer! Selbst meinen christlichen Glauben, den ich aus dem Chaos meiner Jugend als wichtigste Stütze mitbrachte, gab ich für die DAP auf. Die dynamische Psychiatrie duldete keine Götter neben sich.
Auch in der Klinik Obermenzing bemühte sich keiner um meine seelischen Probleme, keiner versuchte die Zusammenhänge zu verstehen. Ich war nur deswegen gut angeschrieben, weil ich in der Klinik mithalf. Ich kann mich nicht daran erinnern, daß während der ganzen Zeit irgendwann darüber gesprochen wurde, wie ich bisher gelebt hatte und wie dieses Leben zu Bruch gegangen war. Ich wurde schlichtweg darauf festgelegt, daß ich »destruktiv« sei – dieses Wort sollte mir noch in Fleisch und Blut

übergehen. Nur mein krankes Verhalten wurde angesprochen, was ich sonst war und konnte, davon sprach kein Mensch. Ich übernahm diese Denkweise und wurde dadurch so abhängig, daß ich dachte, ich könne nur noch in der DAP überleben, für die »Außenwelt« tauge ich nicht mehr. Der Leiter des Lehr- und Forschungsinstituts, der regelmäßig einmal in der Woche zur Supervision nach Obermenzing kam, versprach mir, ich könnte bestimmt eines Tages in der Klinik mitarbeiten, wenn ich meine Therapie richtig machte. Die Mitarbeit wurde mein einziges Ziel, ich übte schon darauf, während ich noch Patientin war. Ich kann mich nicht erinnern, daß es irgendwann um meine eigenen Probleme ging. Nur kurze Zeit war da ein Psychologe, der die große Suizidgefahr bei mir erkannte. Er nahm mich in seine Obhut, und für eine ganz kurze Zeit war ich vor den ständigen Angriffen geschützt. Es war eine schöne Erfahrung, an die ich mich gerne erinnere.

Auch die Schwierigkeiten zwischen meinem Mann und mir wurden nur verschlimmert. Man half uns nicht zueinander, sondern griff meinen Mann in den Therapiesitzungen so heftig an, daß wir uns immer weniger verständigen konnten. Mein Sohn litt darunter sehr, aber ich merkte es nicht einmal, wie kinderfeindlich die Therapeuten agierten! Ich dachte immer, alle verstehen alles, nur ich kann mir auf nichts einen Reim machen. Mein Mann gab nicht so einfach auf, er versuchte immer wieder, mit mir ins Gespräch zu kommen. Aber er bekam immer nur die Wut ab, zu der ich gerade noch in der Lage war. Auch Freunde wurden nicht in die Therapie einbezogen, im Gegenteil! Es wurde Wert darauf gelegt, mir zu zeigen, wie sehr mir auch meine bisherigen Freunde geschadet hatten. Über die eigene Familie wurde sowieso nur Schlechtes gesprochen, man wagte es nicht, irgend eine Beziehung zu ihr aufrechtzuerhalten. Dadurch verlor ich sämtliche Verbindungen nach außen, ich war inzwischen völlig willenlos geworden. Denn – so die Definition der DAP – schließlich war ich schwer krank und konnte froh sein, wenn irgend jemand noch etwas mit mir zu tun haben wollte.

In dieser Phase war ich dazu bereit, keine Freunde mehr zu haben, mich scheiden zu lassen und als kleine Krankenschwester irgendwo in der Psychiatrie zu arbeiten. Besonders der Verzicht auf die Freunde stellte sich später als sehr schwerwiegend für mein seelisches Gleichgewicht heraus. Ich war, nach den geschilderten Anfangsschwierigkeiten, in meinem Wohnort ziemlich beliebt geworden. Ich hatte dort einen großen aktiven Seniorenkreis betreut, wo nicht nur gestrickt und Kaffee getrunken wurde. Die Leute waren politisch auf dem laufenden, sie setzten sich mit Gott und der Welt auseinander, und alle sahen mich gerne. Auf sämtliche kirchlichen und privaten Kontakte dieser Art verzichtete ich jetzt. Als ich schließlich die Klinik Obermenzing verließ und in einer psychiatrischen Klinik eine neue Stelle fand, durfte ich auch die übrigen Obermenzinger Patienten nicht mehr besuchen. Ich war völlig alleine in München, was kaum zu ertragen war. Nach Feierabend wußte ich oft nicht, wie ich mit meinen Gefühlen zurechtkommen sollte, ich hielt es in der Isolation einfach nicht aus.

Außerdem ging ich zweimal in der Woche in eine Therapiegruppe, und zwar in meine alte Gruppe bei der DAP, wo sich weiterhin niemand um meine Probleme kümmerte. Die Therapeutin, die die Gruppe inzwischen leitete, agierte sehr geheimnisvoll und verführerisch, sie saß im Kreis der Patienten wie eine Sphinx, vor ihr konnte ich gar nichts mehr von meinen Gefühlen wahrnehmen. Ich idealisierte sie nur, und sie tat alles, um dieses Bild aufrechtzuerhalten. Ich war nicht in der Lage, irgend etwas von dem zu durchschauen, was ablief, schließlich war es immer noch die gleiche Gruppe, in der ich vorher seelisch ruiniert worden war. Den Meister der DAP kannte ich immer noch kaum, er schwebte für mein Gefühl irgendwie drohend über allem. Es herrschte ein so eisernes Wahrnehmungs- und Redeverbot, daß keiner es wagen konnte, Zweifel zu äußern – es sei denn, er hatte sich zum Bruch entschlossen. Welche Kämpfe unter den Therapeuten selbst ausgetragen wurden, konnte ich auch erst erkennen, als ich später Mitarbeiterin wurde.

Da ich in München nichts anderes anfangen konnte – es ging mir immer noch sehr schlecht – begann ich eine Ausbildung zur

Gruppendynamikerin und zur Dynamisch-Psychiatrischen Krankenschwester im Lehr- und Forschungsinstitut. Die Kosten für diese Ausbildung und für die Gruppe trug ich selbst, es handelte sich um etwa 925 DM pro Monat, bei einem Nettoeinkommen von etwa 1600 DM. So geriet ich unter Mühen und Opfern weiter in die inneren Bereiche der DAP hinein. Dort lernte ich sehr schnell, wie der Hase lief: Ich ging nämlich trotz der therapeutischen Mißbilligung zu einer Geburtstagsfeier, bei der sich ehemalige Patienten von Obermenzing trafen. Der Abend war eigentlich sehr schön, bis eine Patientin von ihrer Therapeutin zu erzählen begann, die sie ambulant behandelte. Diese Therapeutin gehörte ebenfalls zum Institut, sie leitete den Fachbereich Gruppendynamik. Die Patientin erzählte, ihre Therapeutin habe eine lesbische Beziehung zu einer Frau. Wir lachten darüber, aber niemand fand dabei etwas Besonderes oder litt darunter. Nach dieser Feier wurde ich zu eben dieser Therapeutin zitiert. Sie sagte mir unverblümt, daß ich aus dem Institut fliegen würde, wenn ich nocheinmal hinter ihrem Rücken Lügen verbreitete. So wurde ich von Anfang an in das System der Unterdrückung einbezogen und merkte nicht, daß ich gar keine Chance erhielt, mich gesund zu verhalten. Man durfte im vorgegebenen Rahmen reden, handeln und kreativ sein – obwohl ich dieses Wort ungern gebrauche, weil es so gar nicht zur DAP paßt. Man durfte sogar diejenigen Therapeuten kritisieren, die gerade nicht in der Gunst des Institutsleiters standen. Dadurch sah es so aus, als gäbe es viele Freiheiten, aber in Wirklichkeit herrschte die Angst.

Therapie und Ausbildungskosten am LFI im Jahr:

2 Selbsterfahrungsgruppen in Paestum ca.	DM 2000,–
Ausbildungskosten am Institut	DM 300,–
Die obligatorische Therapie dazu	DM 6000,–
Milieutherapie in Paestum	DM 1000,–
Regelmäßige Fahrten nach Berlin	DM 1500,–
Kongreßgebühr	DM 300,–
	DM 11100,–
pro Monat ca.	DM 925,–

Meine Arbeit in der Psychiatrischen Klinik war trotz aller Belastungen erfolgreich, weil ich mit den übrigen Mitarbeitern sehr gut auskam. Die Patienten mochte ich, allerdings war ich mit ihrer Behandlung nicht einverstanden, weil ich ganz in den Bahnen der DAP dachte. Ich glaubte, in der DAP sei jeder Patient viel besser versorgt, ich war schlichtweg verblendet. Sicherlich, die Patienten in der Psychiatrie wurden nur mit Medikamenten behandelt. Die herrschende Theorie war, daß Schizophrenie vorwiegend auf erblichen Faktoren beruhe. Aber man machte die Patienten wenigstens nicht abhängig, man versprach keine spektakulären Erfolge. Letztlich ging es dadurch ehrlicher zu als in der Dynamischen Psychiatrie. Auch die Krankengeschichten, die ich las, waren sehr sorgfältig geführt, und auf die Diagnose wurde viel Mühe verwandt. Beides sollte ich in der Dynamischen Psychiatrie nicht mehr vorfinden.
Mit jeder Zeile, die ich niederschreibe, wächst meine Wut. Am liebsten möchte ich nicht mehr mit Schreiben aufhören. Ich könnte noch nachträglich die Therapeuten, die dem großen Guru weiter anhängen, einzeln in meiner Phantasie vernichten. Hoffentlich gelingt es mir wenigstens, einige Menschen zu warnen, daß sie nicht so kaputt gemacht werden wie ich und ihre Abhängigkeit rechtzeitig bemerken. Das gibt es einfach nicht, daß ein Mensch nur Freunde hat, die ihm schaden – spätestens an diesem Punkt hätte ich hellhörig werden müssen. Ich glaubte jedoch der Lüge. Natürlich hatte sie eine gewisse Plausibilität, weil man in der Therapie ständig über Schwierigkeiten und Probleme, nicht über positive Beziehungen sprach. Aber weil die Therapeuten dies dazu benutzten, sich selbst als die Guten und die Erlöser gegen die »böse Welt« abzuheben, wurden sie zu Unterdrückern.

3. Zwischen Angst und Hoffnung

Nachdem ich tagelang eine unermeßliche Wut spürte, versuche ich heute weiterzuschreiben. Die Pause war nicht einfach durchzuhalten: Manchmal hätte ich eine ganze Nacht lang schreiben wollen, um meine Wut loszuwerden. Nichts von dem, was mir heute völlig klar ist und was ich unverblümt aussprechen kann, war für mich in der DAP-Zeit auch nur im Ansatz erkennbar. In der DAP hatte ich mich selbst verloren. Ich hatte keinen Menschen von außerhalb mehr an meiner Seite, keinen, der sagte: Mensch, paß auf dich auf! Ich glaubte alles, ich war an das scheinbare Heil gebunden und konnte nicht verstehen, daß irgend jemand anders denken könnte als Günter Ammon. Ich wäre für diese Gesellschaft ins Wasser gegangen, ich hätte, ich hätte... Ich habe Gott sei Dank nicht die allerletzten Opfer gebracht. Sonst würde die Scham es mir heute vielleicht unmöglich machen, diese Zeilen zu schreiben.

Ich schreibe auch deshalb weiter, weil ich in den letzten Tagen ohne mein Zutun immer wieder mit der Klinik Menterschwaige Kontakt bekommen habe. Es gibt mehrere Leute, die mir erzählen, was dort vorgeht. Und ehemalige Patienten benötigen manchmal schnelle Hilfsaktionen, bei denen ich eingeschaltet werde.

Aber zurück zu meinem Bericht: Ich erzählte von meiner Ausbildung am Institut, die weithin eine Ausbildung in der Kunst des Unterdrücktseins war. Allerdings, solange man sich an alle Abmachungen hielt, keine mißliebigen Kontakte pflegte und unauffällig blieb, war es erträglich. Man durfte in den Gruppensitzungen durchaus etwas sagen, aber es mußte zur jeweiligen Stimmung und zum angeschlagenen Thema passen. Schneller als es mir lieb war entwickelte ich ein präzises Empfinden dafür, was möglich war und was nicht. Ein unkontrollierter Ausbruch, das offene Aussprechen der eigenen Meinung kam nicht in Frage. So etwas hätte ja eine »Konfrontation« heraufbeschwören können, ein Ereignis, vor dem man zitterte. Es war unerträglich genug zu erleben, wie andere Patienten in der Gruppe konfrontiert wurden. Am schlimmsten war, daß jedem dieser armen Wesen erklärt wurde, wie sehr sie den Gruppenleiter doch provoziert hätten, damit dieser so wütend auf sie werden konnte. Mit den Problemen des Leiters selbst hatte die Aggressivität nie etwas zu tun. Merkwürdig genug, wenn man bedenkt, welche Rolle die »Gegen-

übertragung« sonst in der Psychoanalyse spielt. Aber vielleicht auch nicht merkwürdig, denn diese Therapeuten waren ja alle selbst von Ammon konfrontiert worden, und zwar mit großer Brutalität. Mit Bierkisten, mit Limonadekisten samt Inhalt hatte Ammon bei »therapeutischen« Konfrontationen nach seinen Mitarbeitern geworfen – und in jedem von ihnen saß die Angst. Natürlich konnten sie dann keine Schwäche einräumen, die Aggressivität von Patienten herausgefordert hätte. Statt dessen gaben sie Brutalität und Angst nach unten weiter – so funktionierte das System.
Solidarität unter den Mitarbeitern gab es natürlich nicht – wie wäre sie in der Atmosphäre der Angst auch möglich gewesen? Merkwürdig erscheint mir nur, daß diese gebildeten – und zum Teil fachlich ausgebildeten – Leute so leicht in die Abhängigkeit von Ammon geraten konnten. Natürlich durchschauten ihn manche auch, aber die blieben nicht. Diejenigen, die blieben, konnten sich dem Bann nicht lange entziehen. Der Leiter des Münchner Instituts wurde in vieler Hinsicht Ammon immer ähnlicher, er paßte sich bis zur Imitation an. Allerdings sollte ihm dieses Verhalten später selbst das Kreuz brechen. Heftige Konflikte und abrupte Brüche, Entlassungen und Degradierungen waren an der Tagesordnung. Und ich bedauerte die armen Kollegen noch, die gefeuert wurden! Heute glaube ich, daß sie Glück hatten. Was bedeutete schon die momentane Demütigung, das Ertragen von Schimpf und Schande, schon im Vergleich zur jahrelangen Quälerei innerhalb der DAP! Ich erlebte diese Qual bis zur Neige; sehr schnell wurde ich in das System kollektiver Angst einbezogen. Während der Ausbildung im Institut, die ich neben meiner Arbeit in der Psychiatrischen Universitätsklinik machte, wurde ich vom Institutsleiter oft in die Runde der Therapeuten geholt. Ich wurde dort als Nicht-Akademikerin den angeblich »dummen« akademischen Therapeuten gegenübergestellt. An mir sollten sie sehen, daß ich eigentlich viel mehr als sie konnte, was – wie ich heute weiß – gar nicht stimmte. Aber auf diese Weise wurde bei den Therapeuten Angst vor mir erzeugt, so wie ich umgekehrt vor ihnen Angst hatte. Gleichzeitig prägte sich

mir das verführerische Bild ein, welch großartige Rolle ich innerhalb der DAP spielen konnte und wie wenig ich ohne die DAP war. Ich glaubte diesem Bild gerne, denn außerhalb der DAP war ich sehr einsam geworden. Ich hatte keine Freunde mehr, und auch die Stadt war mir fremd. Ich hatte ja nie zuvor in München gewohnt. Dadurch, daß ich nur noch in der DAP und für die DAP lebte, verstärkte sich die Angst, all das – und es war wirklich alles geworden, was es für mich gab – durch einen Konflikt zu verlieren.

Die Angst hatte noch eine andere Seite: Alle Erfolge, alle guten Resultate waren nicht mehr eigene Leistungen, sondern gingen auf das Konto der DAP. Die Fehler, die Mißerfolge hingegen blieben aber eigene Fehler und Mißerfolge. Dadurch wurde jede Kritik noch unerträglicher, sie wurde vernichtend, weil ihr keine eigenen Erfolge gegenüberstanden. Das Risiko war zu groß, man mußte lernen zu lügen. Ein Wahrnehmungsverbot entstand, denn man durfte nichts in der DAP kritisieren. Sonst wäre man in die Gefahr gekommen, selbst unerträglich hart kritisiert zu werden, ohne Beistand, ohne Stütze. Lieber kritisierte man selbst nichts und verbot sich, an Kritik auch nur zu denken. Sogar seine Symptome mußte man verbergen, sofern sie als Mißerfolg der therapeutischen Arbeit hätten ausgelegt werden können. Zum Beispiel ging es mir häufig immer noch schlecht, wenn ich alleine in meiner Wohnung war. Ich hatte zwar täglich kurze Einzelsitzungen bei meinem Therapeuten, aber an meinen Gefühlen änderte sich dadurch nichts. Darüber war ich zeitweise enttäuscht, bis hin zur Verzweiflung, aber ein Zweifel an der Therapie entstand bei mir nicht. Umgekehrt hatte ich das Gefühl, trotz der mir angebotenen idealen Hilfsmöglichkeiten zu versagen, da es mir nicht besser ging. Und hätte ich gewagt, über meine Enttäuschung zu sprechen, hätte jeder meiner Selbstbeschuldigung beigepflichtet. Wem hätte ich mich anvertrauen können? Wie alle anderen Patienten verbot ich mir, über solche Gefühle zu reden, es hätte ja doch nur Vorwürfe gehagelt.

Es war ein System der Angst, in dem keiner mehr dem anderen traute und jeder isoliert war. Gegenseitige Hilfe gab es nicht, weil jeder Versuch zu helfen nur die Gefahr für sich selbst vergrößert hätte. Auf der anderen Seite gab es innerhalb des Systems der Angst – zumindest zu Anfang – auch ein System von Belohnungen, so daß man die Belastung irgendwie in Kauf nahm. Es gab echte Lernangebote, die interessant waren, es fanden wissenschaftliche Kongresse statt, auf denen man selbst Referate halten konnte. Man konnte einiges über Gruppendynamik erfahren, und die Zahl der Mitarbeiter und Teilnehmer war damals noch so groß, daß der Druck nicht überall spürbar war. Manchmal hatten wir viel Spaß miteinander, besonders wenn wir Berge von Drucksachen stempelten und Briefmarken draufklebten. Wir gingen viel miteinander essen, wir redeten viel – aber an ein kritisches Wort über die DAP kann ich mich aus diesen Gesprächen nicht erinnern. Vielleicht habe ich Kritik, falls es sie gab, damals schon gar nicht mehr gehört. Das Institut wurde mein Zuhause, und zwar in jeder Hinsicht! Es war mein einziger Lebensraum, ein Ort der Angst und der Hoffnungen, der Unterdrückung und der vergeblichen Liebe.

4. Milieutherapie in Paestum

Ich merke, daß ich mich durch das Schreiben von manchen Verletzungen befreien kann und daß es mir gut tut, wenn ich das System durchschaue, in dem ich unterdrückt wurde. Es war von innen her vielleicht nicht einfach zu durchschauen, und ich beteiligte mich kritiklos an ihm, trotz der Tatkraft, die ich zunehmend auch in der DAP an den Tag legte. Ich machte inzwischen eine gruppendynamische Weiterbildung, nahm an Klausurtagungen in Paestum und Stelzereuth teil und fing an, selbst Gruppen zu leiten. Und zu Weihnachten 1976 wurde vom Institut (das heißt von Ammon) eine Milieutherapie in Paestum anberaumt. Alle, die an Weihnachten nichts mit sich anzufangen wußten, die aber gleichzeitig handwerkliche Fähigkeiten aufzuweisen hatten, konnten in der Begleitung von Therapeuten vierzehn Tage nach Paestum reisen. Ich selbst zögerte, ich hatte in der Universitätsklinik noch keinen Urlaub zu beanspruchen und hatte kein Geld, aber solche Überlegungen wurden nur als Widerstand gegen die Therapie betrachtet. Ich bewog schließlich die Klinikverwaltung dazu, mir vorzeitig Urlaub zu geben, ich durfte diese Zeit sogar vorarbeiten, so daß ich mir von der Bezahlung der Urlaubstage die Therapie leisten konnte. Wie »gesund« es von mir war, all dies zu erreichen, das wurde in der DAP weder gesagt noch im entferntesten bemerkt. Für mich barg diese Leistung aber den Keim einer neuen Gefahr in sich: Bisher hatte ich, trotz der Ideologie der DAP, die normalen Regeln des Lebens und Arbeitens in unserer Gesellschaft mehr oder weniger akzeptiert. Nun fing ich an, diese Regeln zu relativieren, es war zu leicht gewesen, mich gegen sie durchzusetzen. Ich fing an zu glauben, es liege ebenfalls an der eigenen seelischen »Krankheit«, wenn man sich in diese Regeln füge. Hätte ich noch wahrnehmen können, daß die Klinik einfach auf meine Energie und Tatkraft reagierte, wären mir solche Gedanken ferngelegen. Aber es war ja nichts »eigenes Verdienst«, was einem gelang, es war grundsätzlich und immer Resultat der Therapie. Dadurch wurde ich bereit, selbst über gesellschaftliche Regeln hinwegzugehen und von anderen ähnliches zu erwarten.

Für die »Milieutherapie« war ich als Patientin ein großer Gewinn, denn diese bestand im Ausbau des Paestumer Byzanthynaeums, und ich hatte kurz zuvor mit meinem Mann zusammen unser Haus auf dem Land fast alleine gebaut. So war ich den Therapeuten an Kenntnissen weit voraus: Immerhin sollten wir Fenster setzen, den Raum verputzen (was für Laien sehr schwer ist), dazu noch zwei Türen einbauen, wo ein Rundbogen gemauert werden sollte. Außerdem erwartete uns die Aufgabe, das Dach gegen Wärme zu isolieren. Das Projekt war eigentlich unsinnig, denn die zwei Therapeuten, die uns begleiteten, hatten keinerlei Ahnung von solchen Arbeiten. Aber es ging ja nicht wirklich um die Patienten, es ging um die Wünsche Ammons – doch davon merkten wir erst etwas, als wir bereits in Paestum waren. Bevor wir aufbrachen, fanden vorbereitende Sitzungen statt. Dabei wurde vor allem geprüft, ob die Teilnehmer für die anstehenden

Arbeiten taugten. Gleichzeitig wurde aber sehr viel Wert auf die Versicherung gelegt, wie wichtig diese Milieutherapie für uns sei, welches Geschenk uns durch sie gemacht werde, da wir alle noch so krank seien.

Im Rückblick und im Licht einer viel größeren Erfahrung mit psychiatrischen Patienten, als ich sie damals hatte, zweifle ich daran, daß überhaupt irgend einer der Teilnehmer im Sinn der Psychiatrie krank war. Ich vermute, man hatte vor allem nach guten Arbeitskräften gesucht und dabei die Abhängigkeit von Leuten ausgenutzt, die irgendwie in die DAP geraten waren. Auch die beiden Therapeuten standen unter dem üblichen Druck: Wir wußten damals gar nicht, wie unfreiwillig sie uns über Weihnachten nach Paestum begleiteten. Sie mußten auf ihr privates Weihnachtsfest verzichten und bekamen keinerlei Bezahlung für diese Zeit. Das Geld, das wir Patienten aufbrachten, wurde zur Finanzierung der Arbeiten auf Ammons Besitz benutzt. Dabei reichten die Therapiegebühren etwa für die Hälfte der Kosten, die andere Hälfte wurde von Ammon oder der DAP (sicherlich letztlich von der DDG) aufgebracht.

Zum Abschied kam noch der Leiter der Münchner DAP und richtete sehr ernste Worte an uns, um uns die Ehre bewußt zu machen, die uns zuteil geworden war. Immer und immer wieder hörten wir, wie krank wir seien und wie großzügig Ammon sei, daß er uns sein Haus zur Verfügung gestellt hatte. Als wir angeblich Schwerkranken nach diesem Abschied endlich mit unseren eigenen Pkws abbrausten, hatten wir jedes Gefühl dafür verloren, wie »gesund« es eigentlich von uns war, einfach so 1200 km nach Paestum zu fahren. Man stelle sich einmal vor, eine Gruppe echter Psychiatriepatienten würde ohne jede Begleitung auf eine solche Autofahrt geschickt – einem Fachmann würde sich das Nackenhaar sträuben! Aber uns fiel nichts auf, wir hatten keine eigene Meinung mehr und kaum noch eigene Gefühle. Es wurde uns schließlich gesagt, was wir zu fühlen und was wir von uns zu denken hatten.

Auf der Fahrt nach Florenz hatten wir trotzdem viel Spaß. Dort trafen wir uns endlich mit unseren beiden Therapeuten. Es

regnete, aber wir gingen abends in ein gutes Restaurant und hielten dort eine gruppendynamische Sitzung ab. Hier hatten wir plötzlich wieder krank zu sein und furchtbare Trennungsgefühle zu haben. Ich weinte, ich weiß eigentlich gar nicht worüber. Vielleicht weinte ich vor allem, weil wir wieder keinen Spaß haben durften, aber es hatten nun einmal Trennungsgefühle zu sein. Immer wieder wurde von außen festgelegt, was meine Gefühle bedeuteten, und nach und nach antwortete ich automatisch das, was erwartet wurde. Zehn Jahre lang habe ich das getan, und heute spüre ich darüber oft eine Wut, die an Wahnsinn grenzt!
Am nächsten Tag fuhren wir wieder alleine weiter, und wieder hatten wir bei gutem Wetter Spaß miteinander. Unterwegs fanden wir eine gemütliche Trattoria, in der wir uns stundenlang aufhielten. Dadurch kamen wir viel zu spät in Paestum an, wo wir mit einer Flut von Vorwürfen empfangen wurden. Man hätte sich entsetzliche Sorgen um uns gemacht, so etwas könnten wir den Leitern nicht antun und so weiter und so fort. Um die Sache »aufzuarbeiten«, fanden schließlich gruppendynamische Sitzungen statt, in denen wir sagen durften, warum wir »eigentlich« zu spät gekommen waren; es wurde uns zur »Krankheitseinsicht« verholfen. Gerade wo wir uns als »normal« gezeigt, 1200 km ohne Schwierigkeiten zurückgelegt und die Reise genossen hatten, wurde uns das Zuspätkommen als Krankheit und als Widerstand gegen die Therapie ausgelegt. Wieder wurden unsere Gefühle in die vorbestimmten Bahnen gelenkt. Aber eigentlich erzieht man so nur Tiere zum Gehorsam. Menschen, denen man zu helfen vorgibt und die selbständig werden sollen, behandelt man anders. Wenn ich jetzt darüber schreibe, sieht es so aus, als wäre das Unterdrückungssystem einfach zu durchschauen gewesen, aber so erlebten wir es nicht. Wir kannten uns untereinander kaum. Keiner wußte vom anderen, ob er nicht wirklich so krank war, wie es von ihm gesagt wurde, wir wußten es ja kaum von uns selbst. Ein Zusammenhalt gegen die Leiter war unmöglich, im Gegenteil: Jeder hing an den Lippen der Therapeuten, um ein Stück der positiven Zuwendung zu erhalten – sonst hätten wir unsere Hilflosigkeit und Angst zu sehr gespürt.

Für die nächsten vierzehn Tage lag in der Casa eine so riesige Aufgabe vor uns, daß keiner wußte, wie wir sie schaffen und dabei irgendwie auch noch Weihnachten feiern sollten. Der Leistungsdruck war ungeheuer groß. Wir konnten damals noch nicht wissen, in welcher Abhängigkeit unsere Therapeuten selbst von Ammon standen. Wir wußten auch nicht (was ich erst später erfuhr), daß der verantwortliche Therapeut ein ganz besonderer Angeber war, der glaubte, er könne Ammon imponieren, indem er gewaltige Projekte durchzog. Aber diesmal war die Sache auch ihm über den Kopf gewachsen, und beide Therapeuten tauchten völlig weg. Tage vergingen, ohne daß die Arbeiten vorankamen. In dieser Lage zeigte sich wieder, daß die Patienten eine Gruppe gestandener Leute waren, von denen jeder zupacken konnte. Wir machten uns selbständig, setzten uns nachts zusammen und teilten die Arbeit des nächsten Tages genau ein. Diese Pläne legten wir dann den Therapeuten vor, und sie stimmten zu. Es blieb ihnen auch nichts anderes übrig. Die Arbeit ging vorwärts.

Ammon, der die Therapeuten jeden Abend anrief, durchschaute die Situation und machte daraus eine massive Konfrontation der Therapeuten. Plötzlich waren die Therapeuten unfähig, und die Patienten konnten mehr als sie. Zum ersten Mal erlebte ich hautnah Ammons Methode, Menschen in Abhängigkeit und unter Druck zu halten: Er hielt sich an keine Grenze von Mitleid, Verständnis oder auch nur Höflichkeit, bei jedermann wurde das Recht, sich abzugrenzen, systematisch abgebaut. Statt dessen bestimmte Ammon, wer sich wo und wie abgrenzen und schützen durfte – aber immer nur vorläufig, alle Regeln konnten jederzeit wieder geändert werden. Was heute noch galt, konnte morgen schon nicht mehr stimmen. Was man heute war, war man morgen nicht mehr, weil sich Ammons Meinung geändert hatte. Das Dogma, daß immer und überall Therapie stattfinden muß und daß immer und überall Konfrontationen therapeutisch sind, machte alles möglich.

Dabei fällt mir unsere Nachtsuperintendentin in Schottland ein, bei der ich als Krankenschwester arbeitete. Sie hatte nicht die unbeschränkte Macht eines Ammon, aber sie reichte aus, um die

Nachtwache zur Hölle zu machen. Zum Beispiel mußte sie nachts das Insulin für die Zuckerkranken kontrollieren, das wir aufgezogen hatten, da wir alle noch Schülerinnen waren. Es konnte sein, daß man in einer Nacht das Insulin auf ihrem Schreibtisch abstellen mußte und in der nächsten Nacht für denselben Vorgang unmäßig beschimpft wurde. Allerdings gab es einen entscheidenden Unterschied zu Ammon und seinen Mitarbeitern: Wir Schwesternschülerinnen durchschauten die Dynamik der Tyrannei damals sehr gut, hielten zusammen und amüsierten uns gelegentlich sehr, wenn wir uns beim Mitternachtsessen trafen. So geschah zum Beispiel folgendes: Ich arbeitete auf der Kinderstation, und dort lag ein Kind mit der Diagnose »Congregational Zellulitis«. Ich verstand die Diagnose nicht, übernahm sie aber immer wieder in den Nachtbericht, den auch die Superintendentin las. Als ich das Wort »Congregational« im Wörterbuch nachschlug und etwas wie »angesammelt« oder »versammelt« las, glaubte ich, irgendwie könnte es doch etwas mit Zellulitis zu tun haben. Ich fragte die anderen Schwestern danach, aber niemand konnte mir Auskunft geben. Ich hatte die Sache schon vergessen, als mich die Superintendentin bei einem Rundgang fragte, wie ich denn diese Diagnose verstehe. Ich gab offen zu, daß ich nicht wußte, was »congregational« bedeuten sollte. Sie antwortete knapp und hart: »Nurse, that is his religion.« Ich hätte am liebsten losgeprustet, aber die Superintendentin war ein so bitterer Mensch, daß sie selbst in dieser Situation nicht lachen wollte oder konnte. Als ich später meinen Kolleginnen davon erzählte, haben wir allerdings herzlich gelacht. Die Verwechslung war durch einen Abkürzungsfehler im Übergabebuch entstanden. In dem stand, undeutlich mit der Hand geschrieben, »Robin Hood, R/ Congregational Zellulitis«. Der Trennungsstrich fehlte.
Bei Ammon verging einem das Lachen. Humor war nicht drin. Vielleicht empfahl er uns deshalb, das Buch »Im Namen der Rose« zu lesen. In ihm ist das Werk des Aristoteles über den Humor abhanden gekommen. Bei der Suche danach wird fleißig gemordet, und seelisch wäre in der DAP ebenfalls jeder ermordet worden, der über irgend etwas gelacht hätte, was Ammon sagte

oder tat. Während des Schreibens frage ich mich, ob ich jemals wieder herzlich werde lachen können. Früher war das Lachen eine besonders schöne und wichtige Eigenschaft von mir. Aber in der DAP habe ich mir so oft anhören müssen, daß ich so widerlich lachen würde, daß es mir nach und nach vergangen ist. Ich weiß nicht, was nach Jahren der Mitarbeit noch von mir und meiner eigentlichen Persönlichkeit übrig ist.

5. Klinikalltag

Nach und nach erkenne ich in meinem Bericht einen roten Faden, anhand dessen ich mir erklären kann, wie Ammon soviel Macht über so viele Menschen gewinnen konnte.
Wir hatten damals in Paestum schwer gearbeitet: Einen Raum verputzt und geweißt, drei Fenster mit Marmorsimsen eingesetzt, zwei Türen mit Rahmen eingemauert und sauber verputzt. Ich selbst baute einen Rundbogen aus dreizehn Tuffsteinen, so viele Steine, wie es Teilnehmer waren. Außerdem wurde das Dach gegen Wärme isoliert und geteert. Daneben schafften wir es sogar, einige Ausflüge zu machen, nach Pompeji, auf den Vesuv und so weiter – unsere Aktivitäten waren alles andere als »krank«. Aber in den Sitzungen hörten wir wieder und wieder von unserem Kranksein – es ist mir zum Kotzen, während ich schreibe, denn ich habe all das noch heute im Ohr, und zwar besonders, wenn ich etwas tun will, was mir Freude macht und mich interessiert.
Als wir zurückkamen, trafen wir uns noch fünfmal in derselben Gruppe. Ich hatte mich ein wenig mit einer Italienerin angefreundet, die auch dabei war. Da lernte ich nun die nächste Lektion in Sachen Unterdrückung: Auch diese Freundschaft sei krank, aus ihr könne nichts werden. Es handle sich um eine Übertragungsbeziehung, die während der Therapie entstanden sei. Wir wurden beide hart mit solchen Deutungen konfrontiert, man sagte, wir wollten die Milieutherapie verlängern und die Trennungsgefühle nicht aushalten – wieder nur ein Widerstand gegen die Therapie. Damals habe ich alles geglaubt, ich ließ mich konfrontieren und

fühlte mich schuldig und elend. Wieder einmal war ich eine Versagerin. Von den positiven Erfahrungen der »Milieutherapie« wurde nichts stehengelassen, wehe, es hätte sich jemand gesund gefühlt! Man hätte seine schwachen Stellen schnell gefunden und sie ihm unbarmherzig vorgehalten. Erst heute fällt mir auf, daß ich trotz der ständigen Gruppensitzungen von den meisten Teilnehmern nie erfahren habe, welchen Beruf sie ausübten – nur daß die meisten im Arbeitsleben standen, weiß ich noch. Lediglich von den beiden Schülern, die zur Gruppe gehörten, wurde berichtet, sie hätten massive Schulprobleme. Die Schwächen, die Probleme und Leiden wurden konsequent in den Mittelpunkt des Denkens und Erlebens gerückt.

Ich wuchs mehr und mehr in die Arbeit des Instituts hinein. Dort war ich nicht allein, dort fühlte ich mich wichtig. Außerdem arbeitete ich damals in der Universitätsklinik in der geschlossenen Abteilung der Psychiatrie, und was ich dort erlebte, entsetzte mich. Die Patienten bekamen Medikamente, bis ihnen der Speichel aus dem Mund lief. Notfalls wurden sie festgebunden oder bekamen Elektroschocks. Die Dynamische Psychiatrie wurde im Vergleich dazu für mich zum Ideal. Ich wünschte mir, alle Patienten könnten so menschlich behandelt werden, wie ich es dort erlebte. Der Kontrast war deshalb so immens, weil ich nicht bemerkte (oder es wieder vergessen hatte), welche Fehler in der Dynamischen Psychiatrie gemacht wurden. Außerdem sah ich nicht, daß Patienten, mit denen die Dynamische Psychiatrie nicht zurechtkam, an die Universitätsklinik oder an die Landesklinik abgegeben wurden. Ich fühlte mich der Arbeit der Uniklinik weit überlegen, denn ich gehörte zu einer menschlichen Psychiatrie! Wenn ich in der Uniklinik war, vertrat ich vorsichtig die Theorien der Dynamischen Psychiatrie, war ich im Institut, erzählte ich Schauergeschichten aus der Uniklinik. Leider stimmten diese Geschichten.

Als Ammon im März 1977 die Klinik Obermenzing besuchte, warf er die Pflegekräfte samt dem Chefarzt hinaus; bis heute weiß ich nicht warum. Auf jeden Fall ergab sich endlich die Gelegenheit für mich, in Obermenzing zu arbeiten. Neuer Chefarzt wurde mein Therapeut, und ich schwebte im siebten Himmel. Endlich, endlich durfte ich in der Dynamischen Psychiatrie arbeiten! Ich dachte nicht darüber nach, daß das bisherige Personal gerade Knall auf Fall gefeuert worden war, und schon gar nicht wollte ich die Gründe dafür wissen. Immerhin kannte ich Ammon immer noch nicht persönlich. Ich hatte auch noch keine Ahnung, wie ein solcher Rausschmiß in der DAP vollzogen wurde. Nie hörte ich von irgend jemand ein kritisches oder gar ärgerliches Wort über Ammon, im Gegenteil. In jeder Lebenslage wurde er zitiert und als großes Vorbild hingestellt. Ich kannte nur den Münchner Institutsleiter, und von dem erhielt ich Bestätigung, wann immer ich wollte. Warum das so war, fragte ich mich ebenfalls nicht. Ich freute mich, der angeblichen Abhängigkeit von meinem Mann entronnen zu sein und neue, wichtige Aufgaben vor mir zu haben. Ob ich in Obermenzing als Fachkraft gewünscht wurde oder ob es meine Abhängigkeit und die Arbeitswilligkeit war, die mich empfahl? Ich fragte nichts danach. Schließlich war ich voller Schuldgefühle der Klinik gegenüber, die mir so viel gegeben hatte, was ich nun ein wenig gutzumachen hoffte. In Wirklichkeit half mir niemand mit den Problemen, die auf die Trennung von meinem Mann folgten. Niemand half mir, mit dem Schmerz fertig zu werden, daß ich meinen Sohn nach der Scheidung zurücklassen mußte. Im Gegenteil, Ammon ließ mir sogar eigens aus Berlin mitteilen, ich solle erst einmal zu mir selber finden und das Kind meinem Mann überlassen. Wie immer wurde Ammons Sicht von jedermann übernommen, letztlich auch von mir selbst. Man erklärte mir, nun könne ich mir endlich ein schönes Leben machen. Wie sehr ich unter der Trennung litt, wußte niemand und wollte niemand wissen.

Die ersten Tage als Mitarbeiterin in der Klinik brachten eine tiefe Erschütterung. Plötzlich erlebte ich die Therapeuten unter sich, hinter den Kulissen des Therapiebetriebs. Ich war verletzt und desillusioniert, so hatte ich sie mir alle nicht vorgestellt. Der Tag begann damit, daß ein Mitarbeiter, jeden Tag ein anderer, mit den Patienten bei jedem Wetter auf den Sportplatz ging. Das war kein einfaches Unternehmen, denn die zwanzig Patienten, die die Klinik jeweils hatte, fühlten sich krank und wollten wie die Patienten anderer Krankenhäuser vornehmlich ihre Ruhe haben. Wir verstanden dieses Problem gar nicht. Es kam uns nur darauf an, die Patienten wieder zu mobilisieren, egal wie. Das hätte vielleicht sogar einen Sinn gehabt, wenn nicht der entsetzliche Druck auf die Mitarbeiter gewesen wäre: Bekam man die Patienten nicht alle aus dem Bett, lag es immer an einem selbst, niemals an den Problemen der Patienten. Entsprechend wendete ich alle Energie dafür auf, die Patienten zu motivieren, schließlich wollte ich meine Arbeit gut machen. Es sollte anders sein als in der Uniklinik, wo die Patienten um sechs Uhr geweckt wurden, dann aber sich selbst überlassen blieben. Der Kontrast zur Uniklinik war groß genug, um jede Kritik an mir abgleiten zu lassen.

Etwas ganz Neues waren für mich die Kontrollgruppen, die dreimal in der Woche unter Leitung des Institutsleiters stattfanden. Hier erlebte ich, wie Therapeuten plötzlich als schreckliche Versager hingestellt wurden. Der Institutsleiter kritisierte schonungslos, und immer wieder stellte er mich als eine Person heraus, die alles viel besser konnte als »diese Akademiker«. Die Therapeuten ließen sich praktisch alles gefallen, fast nie kam ein Widerspruch. Nie erhielten sie Lob oder Anerkennung, aber ständig wurden sie auf ihre Fehler im Umgang mit den Patienten aufmerksam gemacht. Ich lernte nichts darüber, welche Krankheiten die Patienten hatten, ich lernte nichts darüber, wie man analytisch mit den Problemen eines Patienten umzugehen hätte. Alles wurde »psychodynamisch« bearbeitet. Der Maßstab dafür, wie es einem Patienten ging, war immer der, wie die Therapeuten auf ihn reagierten. Kam der Patient nicht voran, war stets sein Therapeut daran schuld.

Wenn ich es heute betrachte, war die Arbeit in der Klinik Obermenzing sehr schwer. Es gab keine verbindlichen Regeln, die den Patienten Grenzen gesetzt hätten. Es konnte jedem Mitarbeiter passieren, daß ein Patient ihn angriff oder ihm einfach weglief. Und immer war man dann schuld. Daher lebten wir alle mit einer furchtbaren Angst, etwas falsch zu machen oder einen besonders problematischen Patienten zu haben, denn alles fiel auf uns selbst zurück. Die Therapeuten versuchten, in den täglichen Großgruppen die Patienten zum Mitmachen zu bewegen – und diese spürten wiederum genau, unter welchem Druck wir standen. Wir mußten um Mitarbeit werben, denn Schutz hatten wir keinen. Dabei hatten wir Patienten, die tranken, die gewalttätig waren oder psychotische Schübe erlebten – letztere kümmerten sich am wenigsten um die Therapie und litten am wenigsten unter dem System.

Ich selbst schnitt in dieser Lage relativ gut ab, da ich gleichzeitig Mitarbeiterin und ehemalige Patientin war. Ich genoß allseitig eine Art Narrenfreiheit, vor allem auch bei den Patienten. Sie hielten mich mehr für ihresgleichen als für eine Therapeutin, und die Mitarbeiter benutzten mich umgekehrt als eine Art Ausstellungsstück: Schaut sie euch an, wenn ihr so wie sie bei uns Therapie macht, könnt ihr ebenso gesund werden! Im Vergleich zu mir wurde den anderen Therapeuten dagegen immer wieder auf subtile Art unterstellt, sie würden sich nicht so richtig öffnen, sie wären fassadär und »im Kern nicht erreicht«. Heimlich seien sie doch alle noch psychisch krank und würden diese Krankheit abwehren. So wurden die Grenzen der eigenen Person bei allen Mitarbeitern nach und nach aufgeweicht und dem »therapeutischen« Zugriff geöffnet. Daß trotzdem noch viel gute Arbeit geleistet wurde, zeigt für mich deutlich, daß es sich meist um eher seelisch gesunde Menschen handelte, die dem Druck teilweise und zeitweise widerstanden.

Später war ich dann in der Klinik für die Milieutherapie verantwortlich. Aus meiner eigenen Zeit als Patientin wußte ich noch, wie schlimm es ist, wenn man ohne sinnvolle Tätigkeit nur herumsitzt. Mit den zwei Milieugruppen suchten wir außerhalb der Klinik Projekte aus, die den Patienten neue Erlebnisse vermitteln sollten. Einmal bauten wir Schachfiguren und fertigten für sie eigens ein großes Schachbrett an. Ein Treppenhaus der Klinik wurde mit selbstbemalten und selbstgebrannten Fliesen neu hergerichtet, auch die Treppe wurde mit Tonfliesen belegt. Die Arbeit war schwierig und langwierig, aber sie führte schließlich zu

einem großen Erfolgserlebnis. Außerdem mußten die Patienten ihre Zimmer selbst reinigen, und wenn es nötig war, wurde der Raum von den Patienten neu gestrichen.
Die Zimmer waren sehr eng und viel zu voll, da die Klinik ständig überbelegt war. Sobald die Mitarbeiter sich gegen zusätzliche Patienten wehrten (wobei sie völlig im Recht waren), hagelte es moralische Vorwürfe. Da auch stark suizidale Patienten aufgenommen wurden, lebten wir ständig in der angstvollen Erwartung, es könnte sich jemand umbringen. Das Gehalt war bei allen Mitarbeitern sehr niedrig. Ich ging, obwohl ich schon fast den ganzen Tag arbeitete, nebenbei noch bei Freunden putzen, weil ich sonst die Kosten meiner eigenen Therapie nicht hätte bezahlen können. Im Grunde arbeitete ich ständig gegen mich selbst, denn um meine Bedürfnisse ging es inzwischen überhaupt nicht mehr. Schon vorher war es mir schwer gefallen, von eigenen Wünschen und Absichten zu sprechen, nun wurde es unmöglich. Zum Beispiel hätte ich mich gerne um meinen Sohn gekümmert. Bei meinem Mann, der den ganzen Tag arbeitete, war er nicht gut aufgehoben. Wenn ich nachmittags bei ihm anrief, lag er mit seinen zwölf Jahren oft noch im Bett. Die Situation bedrückte und quälte mich, aber ich hatte keine Zeit, mich darum zu kümmern. Dabei sollte ich, die sich um ihr eigenes Kind nicht kümmern konnte, den anderen Müttern in der Klinik bei der Kinderbetreuung helfen. Natürlich konnte ich gerade das nicht!
Eine unserer Ärztinnen hatte zwei Söhne, für die hatte sie auch kaum Zeit. Die Kinder kamen oft in die Klinik, um ihre Mutter überhaupt noch zu Gesicht zu bekommen. Sie müssen furchtbar eifersüchtig auf die ständig fordernden Patienten gewesen sein, um die sich die Mutter kümmerte. Dieses Verhalten wurde den Kindern aber nur als »krank« ausgelegt, so daß die Eltern sie ebenfalls in die DAP-Therapie schickten – welch ein schrecklicher Kreislauf! Bei einer Weihnachtsfeier verbrannte sich der eine Junge dieser Ärztin das Gesicht schwer. Er mußte längere Zeit im Krankenhaus liegen und erhielt sogar Hautverpflanzungen. Für die Mutter war dies besonders traurig, da sie vor längerer Zeit ihren Mann ebenfalls am Heiligen Abend durch eine Krankheit

verloren hatte. Aber Mitgefühl diesem schweren Schicksal gegenüber gab es in der Therapie der DAP nicht: Die Ärztin wurde damit »konfrontiert«, sie sei eine »Männermörderin«. Die Schuld an Tod und Unfall ihrer Angehörigen wurde ihrer seelischen Krankheit angelastet. Und diese Frau konnte nicht mehr aufstehen und sich wehren! Sie muß eine Hölle durchgemacht haben, aber sie konnte sich nicht mehr wehren. Sie war den Patienten gegenüber eine sehr menschliche Ärztin, sie wußte, was Mitgefühl ist, aber unter dem Beschuß der »Konfrontationen« konnte sie nichts mehr sagen. Alles ließ sie über sich ergehen, die Erinnerung an diese Qual und diese Hilflosigkeit tut mir unheimlich weh, gerade auch deshalb, weil ich dazu geschwiegen und sie nicht unterstützt habe. Ich war hilflos wie sie, ich wußte nicht mehr, wer recht hat und was Recht ist. O Mensch, wie schrecklich war das! Ich schäme mich heute für alle, die dabei waren und ihr nicht geholfen haben. Und doch – letztlich wurden wir alle so behandelt. Bei der Arbeit mit den Patienten wurden unsere eigenen Schwächen sichtbar, anders hätten wir ihnen gar nicht helfen können. Und diese Schwächen wurden dann erbarmungslos gegen uns ausgenutzt (vgl. dazu Kapitel III, S. 128f).
Dann wurde mein Sohn schwer krank, zum Teil auch deswegen, weil sich niemand rechtzeitig um die ersten Symptome gekümmert hatte. Eben jene Ärztin mit ihren zwei Kindern half mir dabei, daß er in ein Krankenhaus in München eingewiesen wurde. Als mein Sohn schließlich in München war, entschloß ich mich dazu, ihn wenn irgend möglich immer bei mir zu behalten. Es war schwierig, eine Entscheidung zu meinen Gunsten zu erreichen, aber schließlich kam es soweit. Aber ich hatte auch dann nie wirklich Zeit für ihn. Schließlich kam er in den Psychoanalytischen Kindergarten der DAP. Auf diese Weise wollte man den Eltern helfen, die als Mitarbeiter eingespannt waren. Eine zweischneidige Sache, denn so wurden die Eltern noch von einer weiteren Seite aus kontrolliert. Nichts in der Familie geschah unbemerkt, und die Spontaneität der Beziehung versandete.
Die Kinder der Mitarbeiter hatten keine Eltern mehr, mit denen sie reden konnten. Auch in der Familie wurde nur noch psycho-

dynamisiert, zum Kotzen! Eine echte Hilfe beim Aufbau gesunder Beziehungen gab es nicht, weder zwischen den Mitarbeitern noch in den Ehen und Familien. Ammon vereinzelte und isolierte die Menschen, um sie möglichst allein an sich zu binden. Trotzdem lebte er in der ständigen Angst, er könnte durch eine Intrige abgesetzt oder von irgend jemandem belogen werden. Für Kinder setzte er sich nach außen hin ein und schrieb sogar ein Buch über Kindesmißhandlungen. Aber er war kein Kinderfreund, sogar seine eigene Tochter mochte er nicht. Er begründete zwar eine Kindergartenbewegung unter der Leitung seiner Frau, aber die diente nur dem Einstieg in die DAP und dazu, den Mitarbeitern mehr Zeit zur Arbeit zu geben.

Obwohl ich in keiner Weise dafür ausgebildet wurde, psychoanalytisch mit psychisch Kranken zu arbeiten, wurde mir sehr viel von dieser Arbeit anvertraut. Ich war stolz darauf, schließlich hatte ich mit eigenen Therapien viel Erfahrung: Lange genug war ich selbst in Obermenzing Patientin gewesen, zudem hatte ich eine Freudsche Analyse hinter mir und traute mir die Arbeit durchaus zu. Heute würde ich niemals mehr so ohne Schutz für beide Seiten mit psychisch schwerkranken Menschen arbeiten. Auch der Patient war ja in diesem System seinen eigenen Problemen recht willkürlich ausgeliefert. Trotzdem brachte sich von 1975 bis 1979 nur eine Patientin in Obermenzing um. Ich glaube, daß man auch daran erkennen kann, wie hart wir gearbeitet haben. Wenn wir dafür nur einmal ein Lob gehört hätten! Aber Anerkennung gab es nicht. Ich sah damals ganz selbstverständlich im Sinn der DAP alle Mitarbeiter als krank an. Hatte nicht jeder riesige Probleme mit sich? Es grenzte für mich oft an ein Wunder, wie diese Leute immer weiter ihre schwere Arbeit tun konnten.

Die Küche spielte in der Klinik Obermenzing eine besondere Rolle. Die Frau, die dort arbeitete und es auch heute noch in der Klinik Menterschwaige tut, besaß eine kaufmännische Ausbildung und war keine Köchin; das Essen war entsprechend. Aber auch sie wurde den Therapeuten gegenüber in der Kontrollgruppe immer herausgestellt, sie wußte stets alles besser als die Fachkräfte. Die Rolle hatte sie sich nicht gesucht, sondern der Institutsleiter drängte sie hinein. Aber sie spielte mit und drückte immer wieder aus, wie viel lieber sie selbst Therapeutin wäre als Köchin, für deren Arbeit sie Anerkennung weder suchte noch – der Qualität wegen – fand. An dieser Konstellation wird das System des Krankmachens und Unterdrückens besonders deutlich.

In seiner aktuellen Aufgabe fand niemand Bestätigung, jeder wurde angegriffen und kritisiert, stets gab es jemand anderen, der es viel besser konnte, der aber selbstverständlich eine andere Arbeit tat. Vor jedermanns Nase baumelte immer die Mohrrübe der Anerkennung, die man bekäme, wäre man nur, was der andere (angeblich) schon war, oder hätte man, was jener schon hatte. Mit diesen illusionären Zielen wurde die sehr reale tägliche Herabsetzung und Demütigung aufgefangen, um die Maschine am Laufen zu halten. In dem System gab es keine Solidarität und wenige Freundschaften. Heimlich war jeder auf den anderen sauer, weil dieser scheinbar bekam, was man selbst wollte – oder der andere war gerade der Sündenbock für irgendein Problem. Dann kam Solidarität erst recht nicht in Frage, dann wäre man nur in sein Leiden hineingezogen worden. Die ausgebildeten Krankenpflegekräfte, die zu Anfang noch mit mir zusammen in der Klinik arbeiteten, hatten es leichter. Sie sagten auch einmal, was sie wollten, sie ließen nicht alles kritiklos über sich ergehen. Dafür wurden sie heftig angegriffen, und keiner von ihnen ist länger geblieben. Es blieben nur die Abhängigen, die »Kranken«, entweder die psychisch kranken Patienten oder die seelisch abhängigen Mitarbeiter. Häufig scheinen mir heute die Patienten die Gesünderen gewesen zu sein, deren Ablehnungs- und Trotzreaktionen von uns nicht verstanden wurden.

Mein Arbeitstag begann spätestens morgens um acht Uhr, wir frühstückten mit den Patienten. Dann wurde Großgruppe abgehalten. Die Großgruppe war eigentlich dazu gedacht, den Tag mit den Patienten zu planen, um den einzelnen zu helfen, die Zeit sinnvoll zu nutzen und nicht alleine zu bleiben. Der Ablauf war aber grundsätzlich anders: Die Therapeuten wurden von den Patienten konfrontiert, denn irgend etwas paßte ihnen immer nicht. Dadurch geriet die Gruppe stets auf eine pseudo-psychoanalytische Ebene, und die Therapeuten versuchten, den Patienten ihre Übertragungen zu verdeutlichen. Die Therapeuten müssen auf die Patienten oft sehr wütend gewesen sein. Sie hatten alle Rechte, es war nicht möglich, die Konfrontationen einfach zu untersagen und die Tagesprobleme zu besprechen – das Dogma vom »therapeutischen Zusammenleben« verhinderte so etwas. Die Therapeuten bekamen kaum Schlaf, weil sie, um Geld zu verdienen, auch noch ambulante Therapiegruppen leiteten. Außerdem waren sie im Institut in Ausbildung, was bedeutete, daß sie in den Nächten Gruppen mitmachten, die ähnlich verliefen wie die bereits erwähnten Kontrollgruppen in der Klinik. Im Wechsel mußten sie dazuhin Nachtdienst in der Klinik tun, der nicht vergütet wurde. Ich blieb demgegenüber den ganzen Tag in der Klinik, sehr oft bis ein Uhr nachts, ebenfalls ohne Überstundenbezahlung.

Nach der Großgruppe, die sehr verschieden lange dauerte, begann entweder die Milieutherapie, oder die psychotherapeutischen Gruppen hatten Sitzungen. Heute habe ich das Gefühl, wenn es in einer dieser Gruppen zum Krach kam und ein Patient hinausrannte, dann war am ehesten etwas Heilendes passiert. Erst jetzt verstehe ich, wie bedrückend eine Atmosphäre für jeden Patienten sein muß, in der er nie weiß, ob er Ruhe finden kann, um über die Dinge zu sprechen, an denen er so sehr leidet und wo er nie weiß, ob er dem Therapeuten wirklich vertrauen kann. Letztlich gerieten auch die Patienten in das System, in dem die Therapeuten selbst gefangen waren.

Am Nachmittag konnten die Patienten ihre Besorgungen machen oder sich ausruhen, sofern das in dem lauten, viel zu engen Haus möglich war. Sicherlich auch bedingt durch die Enge traten abends oft immense Probleme auf. Deshalb begann eine Krankenschwester nach dem Abendbrot eine kurze Großgruppe abzuhalten. Dort konnte man am ehesten sehen, wie es jedem ging und eventuelle Konflikte ansprechen. Diese abendliche Gruppe, die von einer Pflegekraft alleine geleitet wurde, gewann ihre eigene therapeutische Qualität. Da man psychologische und andere Konflikte kaum unterscheiden konnte, wurde uns Krankenpflegekräften von den Therapeuten vorgehalten, wir »therapierten« auf dilettantische Weise. Das gab viel Streit, wobei die Pflegekräfte im Vorteil waren, weil sie ständig mit den Patienten zusammenlebten und machmal besser wußten, wo diese der Schuh drückte. Auch die Patienten vertrauten uns eher, da wir nicht den Anspruch hatten, sie zu »therapieren«. In diesen abendlichen Gruppen erhielten wir manchmal diejenige freundliche Bestätigung, die es sonst für unsere Arbeit nie gab. Außerdem wirkten die Gruppen sich positiv aus: Danach war mehr Ruhe im Haus, und die Angst vor dem Suizid wurde ein wenig geringer. Man dachte nicht bewußt an diese Angst, aber der Suizid eines Patienten schwebte stets wie ein Damoklesschwert über den Mitarbeitern. Es war ja auch kein Arzt im Haus, der mußte stets erst geholt werden. Wir waren uns völlig selbst überlassen.

Ein riesiges Problem war und blieb das Problem sexueller Spannungen. In der Enge des Hauses, angesichts so großer Ängste auch unter den Patienten, kam es sehr schnell zu heftigen sexuellen Wünschen und Hoffnungen. Aber darüber wurde kaum gesprochen. Bildete sich ein Paar, hagelte es moralische Angriffe: Jede sexuelle Beziehung wurde als therapiefeindlich eingestuft und verbal attackiert. Das vorhersehbare Ergebnis war, daß viele sexuelle Beziehungen bestanden und niemand darüber sprach. Die Patienten müssen zum Teil große Angst ausgestanden haben, denn sie mußten ständig mit einer Entdeckung rechnen. Sexuelle Bedürfnisse waren immer heimlich mit im Spiel, aber sie wurden nicht ausgesprochen. In dieser Hinsicht müssen die Patienten die Doppelmoral der Klinik häufig ähnlich erlebt haben wie die Doppelmoral ihrer Familien, heilsam war dies sicherlich nicht.

Die Klinik orientierte sich eigentlich an einem Konzept, das dem »Psychodrama« Morenos entsprach: Die Patienten sollten wie auf einer Bühne nochmals ihre Familiendynamik darstellen, so daß die Therapeuten, die Gruppe und vor allem sie selbst erkennen konnten, wie sie in ihrer Familie gelebt hatten und warum sie krank geworden waren. Zu dieser Art von Übertragung kam es in der Klinik auch durchaus, aber die Aufarbeitung blieb sehr schnell stecken. Jeder stellte deshalb auf seine Weise, subtil oder mit massiven Mitteln, die ihm vertraute Situation her. Und wir konnten sehen, wie wir aus diesen Verstrickungen herausfanden, bei der Aufarbeitung gab es keine Hilfe. Im Gegenteil, die Kontrollgruppe machte aus den Übertragungen der Patienten ja Realität. Wenn uns ein Patient aus einer Übertragung heraus mit Haß oder mit krampfhafter Anklammerung verfolgte, dann waren wir daran schuld, wie (nach der Theorie) Vater und Mutter früher schuld waren. Wir lehnten den Patienten ab, wir verführten ihn. Dadurch fanden wir den Abstand nicht, um solche Konflikte zu bearbeiten, wir waren hoffnungslos in das Geschehen verstrickt.

Im sexuellen Bereich erging es den Mitarbeitern ebenso wie den Patienten. Jede Paarbeziehung wurde sehr scharf kritisiert. Man wurde verspottet, und von der Zuneigung blieb kein positiver Aspekt übrig. So blieben auch die sexuellen Beziehungen der Mitarbeiter verborgen, es gab für die Patienten nie die Möglichkeit positiver Erfahrungen. Hatte ein Mitarbeiter Gefühle der Zuneigung einem Patienten gegenüber, wurde er grundsätzlich beschuldigt, diesen verführen zu wollen.

Ich arbeitete Tag und Nacht, bekam wenig Geld, fühlte mich als Pionier einer neuen Psychiatrie, und meine eigenen Bedürfnisse waren gleichzeitig die Bedürfnisse der Klinik und der Patienten. Aber davon merkte ich nichts mehr.

6. Überforderungen

Wir hatten einen sehr schwerkranken Patienten aus Bonn übernommen, der dort täglich mit unvorstellbar hohen Dosen Valium behandelt worden war. Es war ein Jugendlicher, bei dem keiner eine Ahnung hatte, was ihm eigentlich fehlte. Er lag meist nur herum, wollte nirgends mitmachen, und wir wußten nicht, wie wir mit ihm umgehen sollten. Da nichts half, packte der damalige

Chefarzt ihn bei den Haaren und schleppte ihn in die Milieutherapie. Er war voller Zorn auf diesen Jungen, er brüllte ihn an, aber es half alles nichts. Der Patient machte einfach nichts mit. Wenn der Therapeut die Tortur zu lange fortsetzte, »desintegrierte er psychotisch« (wie man das bei uns fachmännisch nannte). Natürlich beruhte dieser Mißerfolg auf dem Versagen der Mitarbeiter, nicht etwa auf der fehlenden Einsicht in die Krankheitsursachen oder darauf, daß unser Therapieansatz in diesem Fall nicht geeignet war. So verbrachten wir oft ganze Nächte am (und zum Teil im) Bett des Patienten, um ihn ruhig zu halten. Wir konnten ihn ja nicht einfach festbinden, und eine geschlossene Abteilung gab es nicht. In diesem wie in anderen Fällen zeigten wir hohen menschlichen Einsatz, aber Lob gab es nicht. Wir lebten wie in einer Familie mit einer ewig unzufriedenen Mutter, die nur auf ihre Kinder schimpft und die gerade deshalb nichts richtig machen können. Es war zum Erbarmen – hätte jemand von außen diese Atmosphäre miterlebt, hätte er uns wohl gefragt, ob nicht wir Mitarbeiter die Verrückten seien. Der erwähnte Patient hätte mir einmal fast das Auge ausgerissen. Ich wurde stark verletzt und sah schrecklich aus. Aber zu der Verletzung kamen dann die Vorwürfe hinzu, wie man nur solche Aggressionen beim Patienten hätte heraufbeschwören können.

Immer noch verstehe ich kaum, warum ich all das so lange mitgemacht habe. Der größte Teil der Arbeit hatte ähnlich bedrohliche Seiten, ich könnte nur über wenige entspannt bewältigte Aufgaben berichten. War ich der Klinik gegenüber noch immer voller Schuldgefühle meines früheren Suizidversuchs wegen? Konnte ich mir nach der Trennung von meinem Mann und nach dem isolierten Leben in München eine andere Situation gar nicht mehr vorstellen? Was mich auch immer festhielt: Es war ein nicht enden wollender Zirkel, die Therapie im Institut, die Ausbildung im Institut, die Zusammenarbeit mit denselben Leuten in der Klinik – man war wie eingekreist. Alles wurde beobachtet, nichts konnte man tun, ohne daß es wahrgenommen und kommentiert wurde. Alles, was man dachte, mußte man im Rahmen der »Therapie« auch aussprechen – es sei denn, es wäre

ein Angriff gegen irgendwelche Institutionen Ammons gewesen. Und da jede Kritik als Angriff betrachtet wurde, gab es keine Kritik.
Die Arbeit in der Klinik wurde zunehmend schwerer. Die Klinik hatte eine Konzession für 15 Patienten und war für 15 Betten eingerichtet. Aber tatsächlich lagen in ihr 25 Patienten, ein Unding! Es kam gar nicht mehr darauf an, wer eingewiesen wurde und welche Probleme er hatte, wir mußten uns um elementarere Dinge kümmern. Man hatte mit Bränden zu rechnen, mit Gewaltausbrüchen, und die Anforderungen wurden immer größer – nicht aber die Zahl der Mitarbeiter. Wir wurden nicht nur an der Klinik eingesetzt, wir mußten zusätzlich unentgeltlich Gruppen am Institut leiten. Hatten wir einmal das Bedürfnis, Urlaub zu machen, wurden uns Klausurtagungen der DAP empfohlen. Wieder sah man keine anderen Menschen, wieder fand man keinen Abstand zu den Dingen. Wer nicht mitmachte, wurde dermaßen brutal konfrontiert, daß er nachher kaum mehr von seinem Stuhl aufstehen konnte. Keiner half dem anderen, jeder hatte Angst, selbst in die Schußlinie zu geraten.
Wegen der Überbelegung der Klinik durch Patienten mit schwersten psychiatrischen Krankheitsbildern wurde es am Ende unumgänglich, den Keller auszubauen und in die Klinik mit einzubeziehen. Es fing damit an, daß Patienten, die besonders schwierig waren und eigentlich in eine geschlossene Abteilung gehört hätten, in den Keller abgesondert wurden. Die Maßnahme wurde als unmenschlich erlebt, aber die Mitarbeiter wußten sich nicht anders zu helfen. Die Patienten waren deshalb wütend auf uns, nicht aber auf den Institutsleiter oder gar auf Ammon, obwohl dieser für die Überbelegung verantwortlich war.

Eine schreckliche Zeit begann, als Ammon plante, eine neue, größere Klinik in Grünwald zu errichten. Er kam nun öfters zur Supervision in die Klinik nach Obermenzing. Die Kritik an den Mitarbeitern wurde immer härter und gleichzeitig psychologisch durchtriebener. Ammon traf bei jedem Mitarbeiter ins Schwarze, er entwickelte eine feine Nase für die Schwächen jedes einzelnen,

auf die er ohne Gnade einschlug. Immer wieder wurde uns gepredigt, wie hellsichtig die psychotischen Patienten wären, die würden uns jederzeit die Wahrheit über uns selbst sagen. Welche Lüge! Kein Patient und kein Mitarbeiter wagte es, ein kritisches Wort zu Ammon zu sagen, und wie man die Menschen mit Doppelbindungen krank macht, das führte er uns selbst vor. Er demonstrierte uns selbstbewußt, wie man mit den Patienten umzugehen hatte. Wäre ich wie er alle vierzehn Tage einmal in die Klinik eingeflogen, hätte ich das so gut wie er gekonnt. Wie man mit den Patienten in der viel zu engen Klinik Tag und Nacht zusammenleben sollte, zeigte er uns natürlich nicht.
Endlich kam die Pfingst-Klausurtagung, Ammon fuhr nach Paestum, wir atmeten auf. Die zehn Tage Ruhe waren ein Genuß, wir verstanden uns alle gut. In dieser Zeit fiel mir endlich auf, daß unser Patient aus Bonn deshalb durchdrehte, weil er valiumsüchtig war. Wir ließen das Psychologisieren und setzten das Valium ab, und er drehte nicht mehr durch. Wir waren stolz auf unsere gemeinsame Leistung und konnten endlich einmal lachen. Außerdem hatten wir einen netten Arzt in die Klinik bekommen, mit dem gingen wir manchmal nachts noch aus. Es kam ein wenig Leben in unseren Alltag. Ammon besaß aber für solche Dinge einen guten Riecher. Als er aus Paestum zurückkam, hatte er kein gutes Wort für uns und nahm den Arzt mit in die andere Klinik. Ich versuchte mich dagegen aufzulehnen, aber es half nichts. Trotz aller Tränen blieb der Arzt bei Ammon, und dort erlitt er das übliche Schicksal. Er wurde so lange von Ammon konfrontiert, bis von seinem Elan und seiner Freude nichts mehr übrig war. Dann schickte ihn Ammon an unsere Klinik zurück.
Ammon hatte in der neuen Klinik die schwierigsten Patienten aufgenommen, die er zur Verfügung hatte, und während seiner Zeit in Paestum wurde dort eine geschlossene Abteilung eingerichtet. Ich war einmal in der neuen Klinik, weil ich einer Patientin ihre Sachen nachbringen mußte. Da sah ich das Unfaßbare: Patienten lagen auf dem Fußboden herum, andere waren am Bett festgebunden. Ich traute meinen Augen nicht, allen Grundsätzen der Dynamischen Psychiatrie wurde hier hohngesprochen.

Trotzdem hielten die Patienten immer zu Ammon. Er verbündete sich scheinbar mit ihnen, wenn er wieder einmal einen Therapeuten oder einen Chefarzt absetzen wollte, der zu sicher im Sattel saß oder zu beliebt wurde. Die Beschwerden der Patienten, die es immer gab, verschafften ihm dafür das Alibi. Und was für eine Bestätigung war es für die Patienten, wenn ihre Vorwürfe so große Konsequenzen hatten! Dabei benutzte Ammon die Patienten nur für seine Zwecke, aber sie fühlten sich alleine von ihm wirklich verstanden. Manchmal wußte niemand, warum ein Mitarbeiter eigentlich degradiert wurde. Ich glaube, es gab auch Fälle von schlichter, unerklärbarer Bosheit. Der abgesetzte Arzt oder Therapeut war natürlich wütend auf die Patienten, die seinen Sturz verursacht hatten. Aber das durfte er nicht zeigen, die Wut blieb unausgesprochen. Ammon verstand es auf solchen Wegen glänzend, Rivalitäten herzustellen und auszunutzen, ohne selbst irgendwo wirklich die Verantwortung zu übernehmen. Zum Beispiel machte Ammon damals, als wir während der Pfingsttagung alleine in Obermenzing waren und uns ein wenig am Leben freuten, die damalige Chefärztin ausdrücklich darauf aufmerksam, daß es Mißstände gebe und sie durchgreifen müsse! Auch mit ihr hatten wir, als sie zurückkam, nichts zu lachen.
Die Vergangenheit steht mir noch so nahe vor Augen, daß ich manchmal Tage brauche, bis mich die unerträglichen Erinnerungen loslassen und ich die Gegenwart normal erleben kann. Ich kann keine Vorwürfe und keine Kritik ertragen, während ich mich mit Mühe von der Vergangenheit zu befreien suche. Niemand kann ermessen, wie unendlich oft ich in Situationen, wo ich wirklich Lob verdient gehabt hätte, nur zu hören bekam, ich sei so hart und verschlossen. Ich habe die Vernichtung durch Kritik so satt, ich kann von niemandem mehr so etwas hören! Auch beim Schreiben versuche ich mich mühsam darauf zu besinnen, daß ich trotz berechtigter Kritik liebenswert sein kann und viele Menschen mich liebenswert finden. Ich vergesse das so leicht und gebe dann jeder Kritik recht, aber so will ich nicht weitermachen. Wenn Ammon Unrecht tat, als er auf mir herumtrampelte, ohne irgendwelche Grenzen zu beachten, dann ist es für jedermann

Unrecht, auf mir herumzutrampeln. Ich möchte Menschen um mich haben, die dies wissen.

7. Konfrontationen und Ausbruch

Gestern sah ich in der Stadt einen alten Freund und Mitarbeiter der Klinik in Obermenzing, einen Diplom-Psychologen. Vor einem Jahr, als er in der Klinik den Hut genommen hatte, hatte er mir im Berliner Reichstag mit Bezug auf das Dritte Reich erklärt, wie sehr Ammons Verhalten an den Faschismus erinnere. Nun sah ich an den Aufklebern an seinem Auto, daß er sich wieder auf Ammons Seite geschlagen hat – sicherlich aus einem Schuldgefühl gegenüber Ammon heraus, der mittlerweile in München von den Behörden und der Presse angegriffen wird. Ich mußte mich übergeben, und noch Stunden später war mir schlecht. Diesem Psychologen hat Ammon die Freundin ausgespannt. Er hat ihn seelisch gequält und auch seine ehemalige Freundin dazu benützt – aber die krankhafte Bindung bleibt. Manchmal kann ich das kaum mehr verstehen. Vielleicht würde ich nicht so darunter leiden, wenn Ammon bisher nicht immer ungeschoren davongekommen wäre.

Während ich in Obermenzing arbeitete, starb mein Vater. Von ihm bin ich als Kind und als Jugendliche regelrecht mißhandelt worden, trotzdem wollte ich zu der Beerdigung fahren. Ich wollte vor allem einige Verwandte wiedertreffen. Aber ich wurde im Dienst gebraucht. Man riet mir, doch lieber nicht zur Beerdigung zu gehen, es würden mir bei dieser schrecklichen Familie nur neue Verletzungen zugefügt. Eine Woche später starb auch meine Oma, mit der ich ein viel besseres Verhältnis gehabt hatte. Es war dasselbe, auch zu ihrer Beerdigung konnte ich nicht fahren. Als Mensch mit eigenen Wünschen und Bedürfnissen wurde man weder gesehen noch sah man sich selbst so. Auch heute, nachdem ich ein Jahr lang von der DAP weg bin, habe ich Schwierigkeiten, mich selbst in den Blick zu bekommen.

Nach der schönen, aber kurzen Episode, als Ammon in Paestum

weit vom Schuß war, ging es rapide bergab mit der Klinik in Obermenzing. Ammon spielte sie und die Klinik in Grünwald gegeneinander aus, und da wir innerhalb der Klinik nicht zusammenhielten, konnten wir uns nicht wehren. Ich selbst konnte sowieso wenig tun, denn von Frauen hielt Ammon nicht viel. Er beachtete sie vor allem, wenn sie ihm gefielen, und das galt für mich nicht. Ich bin dafür nachträglich dankbar, denn eine Frau, die ihm gefiel, mußte ihm zuliebe erst einmal abnehmen. Sie wurden ihm regelrecht hörig, hingen an seinen Lippen und durften keine eigene Persönlichkeit mehr haben. Das nannte Ammon dann »im Kern erreicht«.

Ich paßte ihm nicht, obwohl ich bei den Patienten beliebt war und mein Fach verstand. Gerade das machte Ammon aufmerksam, er dachte sich für mich eine besonders gemeine Foltermethode aus. Ich benutze das Wort Folter mit Absicht und kann das, was ich erlebte, nicht anders nennen.

Eines Tages kam Ammon in die Klinik Obermenzing und bat mich zu einem Gespräch mit ihm und seiner Frau Gisela. Ich freute mich darüber, denn persönlich kannte ich ihn immer noch kaum. Ich dachte, er werde mir vielleicht einige nette Worte sagen, die ich glaubte, durch meine harte Arbeit verdient zu haben. Allerdings bekamen wir, wie gesagt, im Grund keine qualifizierte Ausbildung. So entwickelte sich das, was ich mit den Patienten machte, größtenteils aus menschlichem Verständnis heraus, war intuitiv und weniger fachlich abgesichert. Ammon bat mich also herein, und als ich saß, sollte ich ihm erzählen, wie ich mir eine Schizophrenietherapie vorstellte. Ich hatte keinen Argwohn, sondern erzählte fleißig drauflos. Ich sprach mit Empathie von einer Patientin, bei der ich die Einzelbetreuung hatte und der ich nach Möglichkeit half. Als ich fertig war, fragte Ammon seine Frau, wie sie den Bericht finde. In einem arroganten, überheblichen Ton antwortete sie ihrem Mann, daß der Bericht sehr gut sei, aber es sei der Bericht einer Milieutherapeutin und nicht der einer richtigen Schizophrenietherapie. Damit begann die Folter – ich konnte nicht wissen, daß Gisela Ammon selbst sagen mußte, was ihr Mann hören wollte. Ich war schließlich Milieutherapeutin in der Klinik und arbeitete dementsprechend. Aber dieser Einsatz wurde kurzerhand zu einem Nichts erklärt, und damit wurde angedeutet, zu einem wirklich therapeutischen Arbeiten reiche es bei mir nicht. Ich war aber noch nicht sehr betroffen, es kam mir nicht in den Sinn, es könne sich nur um einen kleinen Vorgeschmack gehandelt haben. Am nächsten Tag waren alle Mitarbeiter versammelt, die meisten Akademiker, und vor ihnen wurde ich auf den Prüfstand gehoben. Im Teamraum hingen Photos von Skulpturen aus Paestum an den Wänden, für die ich mich nie interessiert hatte. Nun sollte ich sagen, was die Bilder darstellten. Immer noch antwortete ich recht locker, daß ich mich dafür nie richtig interessiert hätte. Aus der Sicht Ammons war das wohl ein Tritt gegen das Schienbein. Er nahm es mir übel, daß ich so etwas über die Skulpturen des von ihm ständig gepriesenen Olymps in Paestum sagte. Bei der nächsten Frage war ich schon nicht mehr so unbefangen, denn die Spannung im Raum war unerträglich. Jeder wußte aus Erfahrung, was kommen mußte.

»Wer war denn Friedrich II. aus dem Staufergeschlecht«, fragte Ammon. »Keine Ahnung«, sagte ich. »Wer war sowieso...?« Darauf ich: »Keine Ahnung.« Nun gut, wenn ich schon so dumm sei, solle ich wenigstens versuchen, sein psychosomatisches Konzept zu erklären. Das versuchte ich noch, aber inzwischen hatte ich das Gefühl, hier nichts mehr richtig machen zu können. Außerdem schien mein Kopf bald zu platzen. Ich brachte nicht mehr viel zustande. Damit war meine Dummheit vor allen Mitarbeitern bewiesen. Es kam nur noch die lakonische Frage von Ammon hinterher, wieso sie alle von mir immer so viel gehalten hatten: »Seht sie euch doch an, wie dumm sie ist!«

Mensch, wie hab ich mich da gefühlt! Ich glaubte, es würde mich innerlich zerreißen. Keiner der Anwesenden trat mir zur Seite, es blieb mucksmäuschenstill. Ammon hatte mich vor der ganzen Gruppe lächerlich gemacht, ab nun war ich Freiwild. Jeder konnte mit mir machen, was er wollte, es gab keinen Schutz mehr. Zwar kam ich nach der geschilderten Episode abends noch in das Seminar zu Ammon, ich kann nicht mehr sagen warum. Vielleicht habe ich auf eine Entschuldigung von Ammon gewartet, aber die Konfrontation ging weiter. Ich wurde vor etwa vierzig Mitarbeitern von Ammon mit dem Satz begrüßt: »Da kommt ja die dumme...!« Und ich bin nicht weggegangen! Aber danach habe ich mich vor Ammon versteckt, ich wollte keine weiteren Angriffe dieser Art ertragen. Innerlich litt ich entsetzlich, ich kann es gar nicht in Worte fassen. Nach der harten Arbeit, nach meinem wahnsinnigen Einsatz solche Konsequenzen, und keiner der Mitarbeiter an meiner Seite! Die Patienten hielten nur bedingt zu mir, aber ich konnte sie nicht gegen Ammon aufwiegeln, obwohl ich es manchmal gerne getan hätte. Nachträglich spricht es wohl für meine qualifizierte Arbeit, daß diese Angriffe und mein späterer Weggang aus der Klinik Obermenzing dazu beitrugen, die Sache zusammenbrechen zu lassen.

Nachdem ich über die Konfrontation Ammons berichtet habe, bin ich innerlich wie versteinert. Ich fühle mich so, wie ich mich damals gefühlt habe, es ist furchtbar! Ich kann nur versuchen zu verstehen, warum ich sogar in der Erinnerung so gelähmt bin. Irgendwie hat auch das mit Ängsten zu tun, die ich noch aus Kindheit und Jugend mitbringe. Ich werde das Gefühl nicht los, daß hinter einem solchen Umgang mit anderen Menschen eine ganz besonders sadistische Form der Sexualität steckt. Sonst würde ich nicht immer das Gefühl haben, vergewaltigt worden zu sein. Vor dieser seelischen Vergewaltigung packte mich jedesmal eine panische Angst, so daß ich lieber ganz still und unauffällig blieb, um den Gegner nicht zu reizen. Angst, Angst und nochmals Angst, damit arbeitete Ammon bei mir und bei vielen anderen, und all dies hinter der Fassade einer angeblich humanen Psychiatrie.

Im Laufe meiner Arbeit erfuhr ich auch, daß Ammon keineswegs so allseits beliebt war, wie es mir im Gespräch ständig versichert wurde, und zwar auch nicht im Lehr- und Forschungsinstitut in München. Wenn er in das Institut kam, konnte eine Kleinigkeit ihn so ärgern, daß er ganze Kästen mit Sodawasser durch die Gänge schmiß. Er war schlichtweg auch körperlich gewalttätig. Er hatte den Institutsleiter abgesetzt, hatte andere Mitarbeiter hinausgeworfen und fand prinzipiell alles zum Kotzen, was er nicht selbst gemacht hatte. Die Mitarbeiter standen ständig vor den Scherbenhäufen, die Ammons Auftritte hinterließen. Neben den dauernden Konfrontationen war auch niemand davor sicher, von Ammon im Zorn körperlich angegriffen zu werden. Man hatte Angst, die Flaschen, die er irgendwo zertrümmerte, könnten einen selbst treffen. Ich kann mir das Ausharren in dieser Lage nur so erklären, daß wir alle auch von der Vergangenheit verletzte Menschen waren. Ammon weckte Ängste, gegen die jeder einzelne machtlos war. Und dabei behauptet Ammon, er sei im Dritten Reich im Widerstand tätig gewesen – ich frage mich, in welchem?

Etwas sehr Grausames ereignete sich während der Vorbereitungen zum DAP-Kongreß 1979 in Travemünde, an dem ich Gott sei Dank nicht teilnahm. Alle Therapeuten und Mitarbeiter mußten zur Vorbereitung nach Travemünde reisen, und dort ging es schlimm zu. Die Vorbereitungssitzung war nachts zu Ende gegangen, und am Morgen kam ich vor Arbeitsbeginn in das Münchner Lehr- und Forschungsinstitut. Dort traf ich die Leiterin des DAP-Kindergartens, die in Travemünde dabei gewesen war. Sie erzählte mir, wie furchtbar Ammon die Münchner Mitarbeiter in dieser Nacht konfrontiert habe. Aber die Münchner seien, wie sie bemerkte, einfach »nicht zu erreichen« gewesen. Dabei habe Ammon sich solche Mühe gegeben, aber nach der Sitzung haben einige Münchner Therapeuten sogar noch gelacht. (Dieselbe Frau landete später selbst als Patientin in der Klinik. Und als sie beim Reiten vom Pferd stürzte, kommentierte Ammon ihren Unfall mit der Bemerkung, sie solle froh sein, jetzt sei sie endlich wirklich erreicht. Heute ist sie in Berlin ganz an die Seite Ammons getreten und schimpft über ihre früheren Münchner Kollegen.)

Mit der frischen Erinnerung daran, wie Ammon mit mir umgegangen war, konnte ich der Kindergartenleiterin trotz meiner Verstrickung in das Denken der DAP nicht zustimmen. Ich war immer noch über ihre Dummheit und Gefühllosigkeit entsetzt, als ich in der Klinik mit der Arbeit begann. Nach kurzer Zeit ging das Telefon, und eine Patientin, die gleichzeitig Mitarbeiterin war, teilte unserem Chef unter Tränen mit, einer unserer Therapeuten habe auf der Rückfahrt von Travemünde mit dem Bus der Klinik einen schlimmen Unfall gehabt. Der Therapeut, ein liebevoller und besonderes hochsensibler Mann, war tot. Seine Begleiter lagen im Krankenhaus. Während des Gesprächs entfuhr dem Chef spontan die Bemerkung: »Der hat sich umgebracht.«

Dasselbe dachte ich, denn ich hatte es ja erlebt, welche Qual es war, von Ammon in der Öffentlichkeit seelisch nackt ausgezogen zu werden. Die Verzweiflung kann sehr wohl einen Selbstmord bewirken, der dann stellvertretend für den Mord an dem Peiniger ausgeführt wird. So dachte ich damals, und im Rückblick schätze ich es ebenso ein, obwohl ich den tatsächlichen Ablauf des Unfalls nicht kenne.

Später rief mich eine Kollegin an, die ich für eine Freundin hielt. Ich erzählte ihr von dem grauenhaften Tod des Therapeuten und sagte dazu, es sei kein Wunder, daß sich jemand umbringe, wenn Ammon die Menschen immer derart konfrontiere. Da wurde es für einen Augenblick ganz still in der Leitung. Dann kam die harte Kritik, sie finde es ganz schlimm, was ich da über Ammon sage. Die Sache hatte ein Nachspiel, weil die Freundin wie selbstverständlich hinging und mich verriet. Sie berichtete meine Bemerkung dem kommissarischen Leiter des Lehr- und Forschungsinstituts (der vorige Leiter war, wie gesagt, entlassen worden). Der sah sowieso immer aus, als käme er gerade vom Dienst als Wärter in einem Konzentrationslager nach Hause. Aber er nannte sich Arzt. Abends wurde ein Treffen angesetzt, um die Angst und Trauer nach dem Unfall aufzufangen. Der sogenannte Arzt leitete die Gruppe, jeder schaute betreten vor sich hin, keiner sprach mit dem anderen; die meisten waren ja die Nacht zuvor mit in Travemünde gewesen. Ich wußte nichts von dem Verrat, so saß ich ebenfalls still da. Aber bald ging es los: »Frau …, haben Sie gesagt, es sei kein Wunder, daß sich jemand umbringe, wenn Ammon die Mitarbeiter immer so konfrontiere?«

Diesmal verlor ich nicht die Fassung, aus vollem Herzen sagte ich

ja. Auf die Frage, wie ich auf diese Idee komme, erzählte ich, ich hätte das Wort vom Selbstmord zuerst vom Chefarzt unserer Klinik gehört. Der sagte daraufhin nichts und tat so, als könne meine Behauptung nicht stimmen. Etwas anderes hatte ich im Grund auch nicht erwartet – man vergaß in der DAP nach und nach, daß es so etwas wie Ehrlichkeit und Solidarität gab. Der Gruppenleiter befahl mir, den Raum augenblicklich zu verlassen, was ich auch tat. Dabei ging mir auf, daß ich in Wirklichkeit keine Freunde hatte, daß ich plötzlich völlig allein zu Hause saß, wenn die DAP mich ächtete. Ich weinte verzweifelt. Ich verstand nicht, was mit mir geschah, wußte aber gleichzeitig, daß ich mit dem, was ich gesagt hatte, recht hatte. In anderen Köpfen wird etwas Ähnliches vorgegangen sein – aber niemand sprach offen darüber. Jede Kritik hätte ja ebenfalls Ächtung bedeutet.
In dieser Zeit ging ich durch eine seelische Hölle. Ich war so aufgewühlt und verwirrt, daß ich mir nach einigen Tagen nicht mehr sicher war, ob ich wirklich gesagt hatte, was ich spontan und ehrlich dachte. Ich entwickelte Schuldgefühle und meinte, dem toten Therapeuten mit meinen Worten etwas angetan zu haben. Ich wünschte, ich fände Worte, um die widerstreitenden Gedanken und Gefühle zu vermitteln, die mich damals quälten. Aber ich finde keine Worte, der Konflikt wurde nie bearbeitet, nie habe ich gewagt, die Dinge beim Namen zu nennen. Erst jetzt kann ich mich der Tatsache stellen, daß ein schreckliches Leid, eine grausame seelische Verletzung diesen liebenswerten, intelligenten Menschen ums Leben brachte und den Eltern, die ihn sehr liebten, ihren Sohn nahm. Die Beerdigung wurde zur Bühne der Heuchelei.
Am Grab stand Ammon mit seiner Frau und allen Münchner Mitarbeitern. Die Mitfahrer, die schwer verletzt worden waren, lagen noch immer im Krankenhaus. Wohl alle beschlich der Gedanke, daß Ammon selbst in diesem Moment der Trauer alle Aufmerksamkeit auf sich lenken mußte. Er drehte den Kopf weg, als er mir begegnete – natürlich war ihm alles berichtet worden. Er konnte einem Menschen, der einmal die Wahrheit gesagt hatte, nicht in die Augen sehen. Aber inzwischen fühlte ich mich längst

mitschuldig am Tod des Therapeuten und war unfähig geworden, die Verantwortung Ammons zu erkennen. Wo bleiben sie alle, die für Ammon gehandelt haben? Sie können doch nicht auf ewig so tun, als ginge sie die ganze Sache nichts an? Es ist wirklich wie nach dem Dritten Reich: Man schließt ein Stillhalte-Abkommen, weil jeder Dreck am Stecken hat. Und doch: Es gibt einen Weg, der herausführt, sobald man sich selbst gegenüber ehrlich wird und sich eingesteht, wo man selbst mitgemacht hat. Erst dann kann man auch wirklich erkennen, wie sehr man selbst immer und immer wieder verletzt wurde.

Nach der Beerdigung gelangte ich zu der Überzeugung, meine Beschuldigungen Ammon gegenüber seien ein negatives Ausagieren unbewußter Konflikte. Ich erklärte in der Klinik, unter diesen Umständen sei es wohl besser für mich zu kündigen. Und das tat ich dann auch. Ammon begegnete ich deshalb zunächst nicht mehr. Aber ich blieb noch im Lehr- und Forschungsinstitut, denn mein Sohn hatte einen Platz im psychoanalytischen Kindergarten der DAP. Ich wagte den Schritt nicht, das Kind dort herauszunehmen. Hätte ich jetzt Freunde außerhalb der DAP gehabt, wäre mein Weg vielleicht anders verlaufen. Hätte mir in diesem Moment jemand überzeugend gesagt, daß meine Kritik an Ammon richtig sei und daß ich sehen solle, wie ich von ihm loskomme – wahrscheinlich hätte ich es geglaubt. Aber es gab niemand, der so etwas gesagt hätte. Ich war allein, zum Kotzen allein und hatte keinerlei Freunde. Die Freunde, die ich hatte, saßen bei Ammon. Und von denen sah ich nichts, denn eine Abtrünnige durfte man nicht besuchen. Das wäre als Verrat an Ammon betrachtet worden.

Viele Mitarbeiter der DAP haben solche Erfahrungen gemacht. Und nach 1979 haben sich einige zusammengetan, um einen Prozeß gegen Ammon zu führen. Seine Macht war doch nicht absolut – die auf schreckliche Weise Verletzten und öffentlich gedemütigten Menschen hielten nicht alle still. Es erschien ein kritischer Artikel in der Süddeutschen Zeitung, und auch der Spiegel beschäftigte sich mit Ammon; zudem kam das entlarvende Buch »In irrer Gesellschaft« auf den Markt. Aber zu dieser

Gruppe gehörte ich leider nicht. Mein Weg sollte in noch mehr Leid und noch näher an den Abgrund führen. Hätte ich eine Ahnung davon gehabt, was mir bevorstand, ich wäre gerannt wie ein Hase. Eine wirkliche Ablösung von der DAP gelang mir nicht: Ich blieb am Institut und beteiligte mich an der gruppendynamischen Arbeit, mein Sohn war weiterhin im Kindergarten, und auch meine Einzeltherapie bei einer Psychologin ging weiter. Ziemlich bald bekam mich Ammon aber wieder auf ganz sanfte Weise in den Griff. Von den Patienten, die ich in der Klinik in Einzelbetreuung gehabt hatte, wurde ich inständig gebeten, wenigstens ihre Therapie weiterzuführen. Mit meiner Zustimmung war es praktisch besiegelt, daß ich nicht von der DAP loskommen würde. Ich bekam zunehmend Schuldgefühle, Ammon derart verraten zu haben. Es war verrückt, ich fand damals kein klares Nein zu dieser so abstoßenden Sache und geriet damit wieder in den Sog Ammons. Zwar war ich nicht mehr so voller Lob für ihn wie früher, aber sein Konzept fand ich immer noch einmalig. Gedanklich war ich unverändert bestimmt von den Ideen der Dynamischen Psychiatrie. Aber unterschwellig ging es überhaupt nicht mehr um Konzepte und Theorien. Ich zeigte die pathologische Treue, die in der DAP verlangt wurde. Den Widerspruch zwischen meiner Erfahrung und den Ideen der Dynamischen Psychiatrie löste ich damit, daß ich die persönliche Art Ammons mit seinem herrlichen Konzept nicht in Verbindung brachte. Der gesunde Menschenverstand hätte mir sagen müssen, daß die herzlose Handlungsweise Ammons auch seine Ideen zweifelhaft mache – aber die Zusammenhänge waren so subtil, so undurchschaubar, und eine direkte Auseinandersetzung mit Ammon war unmöglich. Und immer wieder empfand ich Mitleid für die Patienten: Bei Ammon hatten sie immerhin eine Chance, weil sie nicht nur mit Medikamenten behandelt wurden. Die Mitarbeiter leisteten ja einen ungeheueren Einsatz, und damit konnte man den Patienten tatsächlich helfen – ohne Ammon wäre aber alles viel leichter gewesen. Besonders unter den Patienten, die nicht selbst von Ammon abhängig wurden, gab es sicherlich viele, die in Obermenzing Hilfe fanden.

Zwischendurch möchte ich einmal darüber berichten, wie unterschiedlich Ammon mit Frauen und Männern umging. In der DAP war es eigentlich viel schlimmer, ein Mann zu sein. Wenn Ammon einen Mann konfrontierte, wenn er ihm auf brutalste Weise die Fassade herunterriß, dann blieb von der eigenen Identität gar nichts mehr übrig. Darum machten die Männer in Ammons Umgebung einen besonders kläglichen Eindruck. Es war deutlich zu erkennen, daß sie überhaupt kein Rückgrat mehr hatten, wenn ihnen die gewohnte Rolle des Überlegenen genommen wurde. Die Frauen, die es eher gelernt hatten, mit der Unterdrückung umzugehen, waren in diesem System emotional wendiger. Dabei spielte es natürlich eine Rolle, daß es uns Frauen bis zu einem gewissen Grad gefiel, Männer mit krummem Rücken und verstörtem Blick um uns zu haben. Ich hatte es in anderen Kliniken ja hinreichend erlebt, wie hemmungslos sich dort die Ärzte aufspielten und ihre Unsicherheit – die man mit etwas Sensibilität gut erspüren konnte – hinter großen Gesten verbargen. Wie soll auch unser Auswahlsystem zum Medizinstudium menschlich kompetente Ärzte hervorbringen: Wenn nur die besten Auswendiglerner und die abstraktesten Denker Arzt werden können, zieht man genau diejenigen heran, die bei Anforderungen an Phantasie und Menschlichkeit am ehesten versagen, die am stärksten verletzt werden und andere am ehesten verletzen.
Bei Ammon gab es keine gespielte und leider auf lange Sicht auch keine echte Selbstsicherheit: Der Institutsleiter, mit dem ich am Anfang in München zu tun hatte, stürzte ganz besonders tief, als er in Ungnade fiel. Er war im Grund ein aufrechter Mann und mir sympathisch, stammte er doch wie ich selbst aus Hamburg. Allerdings hatte er sich ebenfalls eine gewisse Härte zugelegt, anders hätte er den Druck von Ammon wohl auch nicht ertragen können. Dieser Mann wurde der Unterschlagung bezichtigt, und es ist eine Ironie der Geschichte, daß die Staatsanwaltschaft München derzeit wegen Betrugs gegen Ammon ermittelt. Es war erschreckend, wie der ehemalige Institutsleiter nach seinem Sturz wie ein verängstigter Bettler umherschlich. Ständig wurde er von Ammon öffentlich beschimpft, auch wenn er nicht anwesend war.

Zur gleichen Zeit tat Ammon aber sehr gönnerhaft, nahm den armen Mann in sein Haus auf und trennte ihn damit von seiner Familie. Wir konnten uns deshalb nicht auf die Seite des Institutsleiters und gegen Ammon stellen, denn schließlich kümmerte er sich rührend um den »Kranken«. Ammon machte es uns fast unmöglich, nicht zu denken, er habe auf die schweren Vergehen des Leiters ungemein gnädig geantwortet.

Ich rühre hier an eine Seite Ammons, die ich als eine der finstersten empfinde und am wenigsten zu durchschauen vermag: das Nebeneinander von Gnade, Zuwendung und unbarmherzigen Strafen, die gleichzeitigen Rollen des zornigen und des gnädigen »Gottes«. Stets war dabei die Gnade der Köder, um Menschen in die Falle der Strafen zu locken, stets machte es die Zuwendung möglich, den Menschen zu verletzen. Daher war die freundliche Zuwendung das Gefährlichste an Ammon. Und daß er im Blick auf seinen Namen mit der Rolle des Gottes spielte, weiß ich mit Sicherheit. Er identifizierte sich mit dem altägyptischen Gott Amun oder Ammon, seiner Meinung nach der einzig wahre Gott. (Ich begleitete ihn auf einer Ägyptenreise, wie ich noch berichten werde.) Mittlerweile werden in der DAP sogar ekstatische Tänze zu Ehren Atons (des Sonnengottes aus der Zeit Echnatons) zelebriert.

Ammon schilderte die Götter Ägyptens als grausam, als Verächter der Menschen. Und auch der von ihm so hoch verehrte Friedrich II. aus dem Staufergeschlecht war zwar intelligent und kunstsinnig, daneben aber ein Menschenverächter. So sah Ammon sich selbst, und auch für mein Empfinden mischt sich bei ihm Intelligenz mit Diabolischem in schrecklicher Weise. Vielleicht hebe ich dabei Ammon zu sehr auf den Thron Satans – mein Haß und meine Wut machen es schwer, ihn aus der Distanz zu betrachten. Ich hoffe, daß sich das auch durch das Schreiben ändern kann.

8. Zurück zur DAP

Anfang 1980 hörte ich endlich mit meiner Einzeltherapie im Institut auf und begann damit, das Begabtenabitur zu machen. Ich fand eine gute Lerngruppe und hatte Spaß am Unterricht. Außerdem knüpfte ich wieder Kontakte außerhalb der DAP, vor allem mit einer ehemaligen Patientin aus Obermenzing, mit der ich mich sehr gut verstand. Wir kamen beide aus den Erfahrungen mit Günter Ammon und hatten Angst, die Bindungen dieser Zeit würden unsere Beziehung zerstören. Tatsächlich versuchte mich die neue Leiterin des Lehr- und Forschungsinstituts in diese Richtung zu beeinflussen. Sie sagte, ich könne keine Freundschaft mit einer ehemaligen Klinikpatientin halten und solle den Kontakt aufgeben. Aber damit machte sie einen Fehler. Ich stellte mich fortan gegen sie und gab den Kontakt gerade nicht auf.
Diese Institutsleiterin ist mir heute noch ein Dorn im Auge, sie war eine fast noch schlimmere Verführerin als Ammon selbst. Sie hatte damals vor, für die DAP ein Institut in Hamburg zu gründen, und ich sollte dort mitarbeiten. Aber ich wollte die enge Abhängigkeit von ihr nicht, die diese Arbeit, wie ich sehr wohl wußte, automatisch erzeugt hätte. Ich lehnte ab und blieb in München. Tatsächlich scheiterte diese Frau mit ihrem Hamburger Institut ziemlich schnell, vor allem ihrer selbstherrlichen Art wegen, mit der sie Nachtsitzungen bis morgens um vier Uhr abhielt, bei denen die Teilnahme Pflicht war.
Zurück zu meiner Geschichte: Nach und nach eroberte ich mir ein Stück Leben außerhalb der DAP. Ich hätte wahrscheinlich »draußen« Fuß fassen und mit dem Abitur Erfolg haben können, aber ich durchschaute Ammon noch immer viel zu wenig und wußte nicht, wie sehr er mich an sich gebunden hatte. Während ich lernte und daneben gruppendynamische Arbeit im Institut machte, versuchte eine meiner Einzelpatientinnen in der Klinik einen Suizid. Und damit köderte mich Ammon: Ich wurde von ihm persönlich angerufen und gefragt, wie man dieser Patientin helfen könne. In der Klinik seien die Mitarbeiter eben zu blöde, ansonsten wäre der Suizidversuch nie zustande gekommen. Die

einzig realistische Maßnahme wäre es damals gewesen, die Patientin zu verlegen, denn in der Klinik von Ammon kam man mit ihren Problemen einfach nicht zurecht. Aber das schlug ich natürlich nicht vor, sondern ich antwortete, ich engagierte mich, und schon war ich wieder mitten drin im Betrieb. Wären die verdammten Einzelpatienten nicht gewesen, die mir am Herzen lagen, dann hätte ich mit meinem Abitur weitergemacht. So gab ich das Abitur auf und ließ mich wieder einmal manipulieren.

Ich nahm die Patientin zu einer Klausurtagung mit, die Ammon leitete, und wo sie in meiner eigenen Gruppe mitmachte. Ich hatte Erfolgsphantasien, die verrückter nicht sein konnten, und gleichzeitig war diese Tagung eine einzige Qual. Mein Sohn war ebenfalls mit dabei und forderte Zuwendung. Aber ich war nicht in der Lage, ihm das geringste zu geben, denn ich mußte mich um die Patientin kümmern, die meine Lage nach Möglichkeit ausnutzte. In der Klinik hatte sie große Probleme gehabt, aber jetzt war sie plötzlich die Überlegene, fügte sich in die Gruppe ein und rivalisierte mit mir. Ich merkte zwar, daß ich immer unglücklicher wurde, wußte aber nicht warum. In den Gruppensitzungen versuchte ich, den anderen zu helfen, für meine eigenen Probleme gab es aber keinen Raum. Einmal versuchte ich, die Beziehung zwischen der Patientin und mir anzusprechen. Aber was hatte ich damit angerichtet – die gesamte Tagung über wurde mir mein Versagen vorgehalten. Ammon drückte mich mit seinen Konfrontationen an die Wand, er war wie immer völlig auf seiten der Patientin, die sich darüber freute, davon aber sicherlich nicht gesünder wurde.

Dieselbe Patientin setzt das Wechselspiel von Anhänglichkeit und Rivalität, das sie damals zeigte, auch heute noch fort. Noch vor kurzem schrieb sie mir liebevolle Briefe und berichtete davon, daß es ihr schlecht gehe. Sie habe Angstanfälle und könne ihre Wohnung allein nicht verlassen. Aber als ich sie einmal besuchte, wurde sie sofort wieder die Überlegene und wollte mir ganz genau erklären, wo es bei mir fehle. Ich wurde so böse, daß ich den Besuch abbrach und ihr schrieb, daß ich ihr Verhalten als unmöglich ansehe. Jedermann wird von ihr angeklagt, und so hilft

ihr niemand. Ihr eigenes Verhalten will sie aber nicht näher beleuchten. So ist sie von Ammon erzogen worden.
Was habe ich in der Klinik und danach unter dieser Patientin gelitten! Ständig spielte sie die Unterstützung, die Ammon ihr gab, gegen mich aus. Sie betrank sich, aber sie war nicht daran schuld, sondern ich hätte sie mißverstanden und zum Alkohol getrieben. Sie schlug im Rausch um sich, sie versuchte das Auto des Chefarztes zu demolieren, und keiner konnte etwas gegen sie unternehmen, weil sie ständig Ammon in Berlin anrief und sich beschwerte. Und wie war die Reaktion? Ich wurde als kalt und gefühllos bezeichnet, weil ich der Patientin keine wirkliche Freundin sein konnte. Nein, es gelang mir tatsächlich nicht, ihr eine Freundin zu sein, denn sie hinterging mich, sie schlug mich und trat mit den Füßen nach mir. Ich geriet in Situationen, in denen ich sie an den Haaren packen und von mir fernhalten mußte, um mich vor ihr zu schützen. Sie hätte unbedingt verlegt werden müssen, sie wiegelte auch andere Patienten auf und machte ihnen vor, wie man die Mitarbeiter unter Druck setzte. Ich wurde als krank gebrandmarkt, weil ich dieser Frau keine freundlichen Gefühle entgegenbringen konnte!
Zu dieser Zeit eröffnete die DAP ihre neue Klinik Menterschwaige in München, die eine Konzession für fünfzig Betten hatte. Ich nahm an den Kontrollgruppen in der Klinik teil und erlebte dort, wie chaotisch es zuging, weil erfahrene Pflegekräfte fehlten. Der Mitarbeiterstab war natürlich größer geworden, die meisten hatten keine Erfahrung mit psychisch Kranken, und auch die Patientengruppe war neu zusammengestellt worden. Darunter befanden sich sehr schwer gestörte Menschen, die man aufgenommen hatte, um die Klinik rasch zu füllen. Und zusätzlich konfrontierte Ammon wie eh und je alle Mitarbeiter nach eigenem Gutdünken. Die Lage verschärfte sich, weil gleichzeitig die Artikel gegen Ammon in der Süddeutschen Zeitung und im Spiegel erschienen. Die Prozesse Ammons gegen beide Medien liefen sofort auf Hochtouren, finanziert von den Mitgliedern der DAP und DGG. Ich engagierte mich in der damals gegründeten »Bürgerinitiative für Günter Ammon und sein Wirken für die

Menschenrechte in der Psychiatrie« – ein von ihm völlig selbst gesteuertes Unternehmen. Diesen Schritt kreide ich mir heute noch wirklich übel an – schließlich hatte ich Ammons Umgang mit den Menschenrechten erst vor kurzem erlebt. Trotzdem setzte ich mich ein, ich wollte Ammon rehabilitieren und betrachtete die Dynamische Psychiatrie als die einzige Wahrheit. Vielleicht waren viele ihrer Ansätze auch richtig – wenn da nicht die Person Ammons gewesen wäre. Ich wußte ja, daß die orthodoxe Psychiatrie äußerst bedenklich war: die ausschließlich medikamentöse Behandlung, die Ghettoisierung. Ich hatte in der Universitätsklinik Verlaufskurven von Schizophrenien gesehen, für die die Patienten bei jedem neuen Aufenthalt photographiert worden waren. Wie Krebspatienten magerten sie ständig weiter ab, ihre Persönlichkeit verfiel. All dies fand ich in der Dynamischen Psychiatrie nicht vor. Ich hatte ja selbst damit begonnen, die Patienten in Obermenzing bei Aufnahme und Entlassung zu photographieren. Der Unterschied zu den Bildern der Uniklinik war verblüffend.

Erst heute kann ich erkennen, daß wir Mitarbeiter trotz Ammon gute Arbeit leisteten. Ich würde am liebsten hier alle die Namen der Leute nennen, die sich für die Patienten eingesetzt hatten und die dafür Prügel von Ammon bezogen. Und den Patienten würde ich am liebsten mit Nachdruck sagen: Ammon hat euch nur aufgestachelt und gegen uns benutzt. Jeder Patient, der vielleicht in der Lage ist, heute diese Zeilen in einem besseren psychischen Zustand zu lesen, sollte wissen, daß ihm nicht Ammon geholfen hat, sondern die verhaßten und ständig angegriffenen Mitarbeiter. Sie nahmen für die Patienten sogar den brutalen Druck Ammons auf sich.

Aber heute noch glauben die Patienten in der Menterschwaige, Ammon sei von außen verraten worden, obwohl die Zustände in der DAP inzwischen zum Himmel stinken. Er ist es, der die Patienten um eine lebensbejahende Psychiatrie prellte. Die großen Nervenkliniken sind wirklich nicht zu empfehlen, aber es stellt sie wenigstens niemand als Vorbild hin. Die Dynamische Psychiatrie hingegen wurde aber weltweit gepriesen!

Während ich schreibe, versuche ich verzweifelt die Ursachen dafür zu finden, daß Ammon mich trotz der schrecklichen Erfahrungen mit ihm wieder auf seine Seite ziehen konnte. Als ich damals, Pfingsten 1980, von der Klausurtagung in Paestum zurückkam, hatte ich es bereits fertiggebracht zu vergessen, wie sehr Ammon mich verletzt hatte. Das, was mir bewußt geblieben war, sah ich als gerechtfertigt an, denn ich selbst war ja so »böse« zu Ammon gewesen. Ich glaube, ich schämte mich damals dafür, so über Ammon gesprochen zu haben und wollte es irgendwie wieder gutmachen. Außerdem kam ich nicht von der Faszination der Dynamischen Psychiatrie los. Ich wollte die Mißstände beheben, ich wollte sogar Ammon verändern. Ich wollte die Mitarbeiter und die damalige Chefärztin der neuen Klinik Menterschwaige »retten«, denn Ammon hatte über die Klinik in Paestum kein gutes Wort gesagt. Aber selbstverständlich war ich Ammon in keiner Weise gewachsen und schätzte ihn völlig falsch ein. Er hatte durch die Reden darüber, wie schlecht die Mitarbeiter in München seien, nur die Absetzung der Chefärztin und ihres Assistenten vorbereitet. Auch in München redete er einfach so lange schlecht über beide, bis jedermann glaubte, es gebe keine andere Lösung, als beide auszuwechseln. Er verstand es vortrefflich, die Stimmung so vorzubereiten, daß sein Urteil nie in Frage gestellt wurde. Im Gegenteil, da es keine Solidarität gab, fielen alle anderen Therapeuten gemeinsam mit ihm über die eben abgesetzten Mitarbeiter her.
In dieser Zeit dachte ich viel über Ammon nach. Ich hatte ja bereits Einzelpatienten übernommen und war mit in der Kontrollgruppe der Klinik dabei. Ich erlebte, wie die Mitarbeiter sich quälten und gleichzeitig mit Ammon nicht zurecht kamen. Sie zitterten vor seinem Urteil, sie konnten nichts richtig machen, und die Patienten nützten das gegen sie aus. Für ihre Aggressivität wurden die Patienten von Ammon gelobt und die Mitarbeiter konfrontiert. Die Situation kam mir vor wie in einer Familie, in der der Vater tagsüber weg ist und in der sich abends die Mutter über die Kinder beklagt und die Kinder über die Mutter. Der Vater schlägt sich dann auf eine Seite und entscheidet, wer »gewinnt«. Eine solche

Familie ist offenkundig krank, und ebenso krank kam mir die Beziehung zwischen Ammon und den Mitarbeitern vor. Ammon hielt immer zu den Patienten, und ich in meiner Naivität dachte, er wisse es eben nicht besser, man müsse ihn eben nur darauf hinweisen und ihm andere Möglichkeiten zeigen.
Ich wollte den Mitarbeitern helfen, indem ich Ammon dazu bewog, sich hinter sie zu stellen und sie zu loben, anstatt Druck auszuüben. Notfalls wollte ich versuchen, ihn zu stürzen. Ich wurde wieder einmal Opfer eines Größenwahns, Mensch, was hatte ich in mir für verrückte Hoffnungen gezüchtet! Wie konnte ein solcher Wunsch in mir wachsen und mich so bestimmen, daß ich meine eigenen Bedürfnisse hinwarf, um ein Stück hoffnungsloser Weltverbesserung in Angriff zu nehmen? Sicherlich stolperte ich wieder einmal über die seelische Last meiner Kindheit und Jugend: Ich schaffte es nicht, anders zu reagieren, als wieder einmal mit dem Tyrannen zu kämpfen, um ihn entweder zu ändern oder umzubringen. Damals als wir Kinder schon etwas älter waren, reichte meine Mutter das Buch »Via Mala« von John Knittel herum. Der Autor beschreibt darin, wie ein tyrannischer Vater von der ganzen Familie umgebracht wird. Ich dachte damals, daß es meine Aufgabe sei, meinen Vater umzubringen. Ich habe ihn deshalb oft provoziert und wurde dafür fast totgeschlagen. Der Kampf war mir also vertraut, und die Idee, »erfolgreich« zu sein, war eine enorme Verlockung für mich.

Als ich mich entschloß, die Stellung als Oberschwester in der Klinik Menterschwaige anzunehmen, waren gerade die beiden Chefs entlassen und neues Personal eingestellt worden. In dieser Situation wollte ich Ammon anrufen und mich für den Posten anbieten. Ich hatte kaum den Hörer in der Hand, da war Ammon in der Leitung und wollte mich bitten, den Dienst anzutreten. Diesen Zufall nahm ich als gutes Zeichen, immerhin hatten wir gleichzeitig aneinander gedacht. Ammon gab mir noch die Weisung mit, ich solle in der Klinik mit eisernem Besen kehren und keine Rücksichten nehmen.
Es fällt mir sehr schwer, über meine Arbeit in der Klinik

Menterschwaige zu schreiben, in der ich immerhin von 1980 bis 1985 Oberschwester war. Vor mir selbst einzugestehen, daß die Macht, die Ammon mir anbot, mich letztlich verleitet hat, ganz in seinem Sinn zu handeln, das ist nicht leicht. Ich gab mein Abitur und die Kontakte endgültig auf, die ich außerhalb der DAP gefunden hatte, und stürzte mich voll in die Arbeit. Ich ging schnurstracks in die Klinik und kündigte mich selbst als neue Oberschwester an. Dabei trat ich nicht etwa sanft auf: Mit Genehmigung Ammons und seines Adjutanten (der mich immer an den Wärter eines Konzentrationslagers erinnerte) berief ich als erste Amtshandlung eine Großgruppe mit allen sechzig Patienten ein und stauchte sie kräftig zusammen. Die Gruppe war für mich ein Ritt über den Bodensee. Ob ich Angst hatte, weiß ich nicht mehr, aber ich werde die Situation nie vergessen: Die Patienten, besonders die Patientinnen, wollten mich nicht und veranstalteten einen furchtbaren Lärm. Von den Mitarbeitern half mir zu der Zeit noch niemand, aber ich hatte Ammon hinter mir. Das brachte letztlich auch die aufrührerischen Patienten zum Schweigen, denn sie hatten Angst vor ihm.

Aus meiner Sicht gab es unter den Mitarbeitern keinen, der die Arbeit verantwortlich leitete, und ebenso lasch wurde mit den Patienten umgegangen. Außerdem hatte ich kurz zuvor miterlebt, wie eine Patientin betrunken in den Keller kam, wo sich der stellvertretende Chef befand. Dieser war so wütend, daß er die Patientin fast zu Boden schlug. Als sie sich wehrte, hielt er sie fest und befahl, Valium zu holen, das er ihr spritzte. Ich war entsetzt, aber jedes Wort blieb mir im Hals stecken – ich konnte den Arzt einfach nicht begreifen! Als Oberschwester sah ich es als meine Aufgabe an, solche Dinge zu verändern. Und es gab niemand, der mich gewarnt oder zurückgehalten hätte. Dabei war die Klinik hochgradig verwahrlost, in der Kontrollgruppe ging es im Grund nicht um die Patienten, sondern um die Konflikte der Mitarbeiter. Die Gruppe war auch zu groß, und Unterschiede zwischen den verschiedenen Berufen sollten nicht gemacht werden, was natürlich nicht gelang. Leute ohne Ausbildung wurden mit Aufgaben betraut, denen sie nicht gewachsen waren, und andere wurden heftig angegriffen, weil sie sich mit ihren Fachkenntnissen durchzusetzen versuchten. Alles ging drunter und drüber, und von außen war die Ursache für die Verwirrung kaum auszumachen. Schließlich hatten wir Psychiaterinnen und Psychiater, Ärzte und Ärztinnen, Diplompsychologen und Krankenpfleger. Aber wir hatten eben auch die Mitarbeiter ohne Ausbildung und ein ständiges Gerangel um alles und jedes.

Niemand hatte einen Überblick, was die Patienten tagsüber taten und wo sie sich aufhielten. Alle Türen waren offen, jeder konnte kommen und gehen, wann er wollte. Es gab keine Hausordnung, keine systematische Therapiearbeit, nur vor Ammon herrschte eine ständige Angst. Vor seinen Besuchen wurde die Klinik immer aufgeräumt, was ich sofort abschaffte. Ich wollte eine saubere Klinik nicht wegen Ammon, sondern der Patienten und meinetwegen. Die Klinik sollte künftig am Donnerstag, wenn Ammon ankam, ebenso aussehen wie am Montag. Ich war entschlossen, sofort wieder zu gehen, wenn Ammon mich schlecht behandeln sollte. Noch fühlte ich mich ohne die DAP nicht alleine, noch hatte ich innere und äußere Bewegungsfreiheit. Auch ließ ich mich damals nicht über Tarif bezahlen, ich wollte den genauen Tariflohn, um mich nicht abhängig zu machen.

Ich ging nicht nur energisch mit den Patienten um, sondern stellte auch alle Mitarbeiter vor eine harte Wahl: Wer nicht mit mir zusammenarbeiten wollte, der sollte gehen. Einige kündigten daraufhin sofort, andere versuchten einige Zeit ihr Glück, aber kamen nicht zurecht. Über diejenigen, die gingen, möchte ich nichts sagen. Wahrscheinlich hatte jeder seine ganz eigenen Motive. Ob meine Person immer der wirkliche Grund ihres Entschlusses war, oder ob ich manchmal nur den Anlaß dazu bot, endlich gehen zu können, vermag ich nicht zu beurteilen. Viele von den Patienten müssen mich dafür gehaßt haben, nahm ich ihnen doch einen Menschen weg, an dem sie hingen. Ich kann im Rückblick trotzdem nicht sagen, daß es für mein Vorgehen keine Entschuldigung gab; schließlich war die Klinik in einem schlechten Zustand, und irgendwie mußte dem Arbeiten gegeneinander ein Ende gemacht werden. Von der Führung der DAP wurde mir

vorerst der Rücken gestärkt, schließlich tat ich die Dreckarbeit für sie.
Die Klinik war mit schwer gestörten Patienten überbelegt, was die Arbeit äußerst schwierig machte. Ich war Tag und Nacht dort, aus Angst, jemand von den Patienten könne sich umbringen. Man wußte nie genau, was geschehen konnte, denn es war ein offenes Haus, und jedermann konnte unkontrolliert aus- und eingehen. Ich wollte die Patienten nicht schlecht behandeln, ich wollte im Grund wieder wie früher beliebt sein. Aber ich glaube, ich stellte mich ihnen in meinem Bemühen um Disziplin sehr negativ und autoritär dar. Nach und nach wurden die alten Ärzte durch neue ersetzt, und aus der Mitarbeitergruppe rückten andere Personen in die Führungsspitze. Der Chefarzt, der damals neu kam und mit dem ich danach gerne zusammengearbeitet habe, wurde mir von Ammon auf folgende Art vorgestellt: Er solle in der Klinik die Hausmeisterwohnung erhalten, dann stehe er immer zur Verfügung, und außerdem wisse der Mann sonst sowieso nicht, was er mit seiner Freizeit anfangen könne. Wie sollte man Respekt vor einem Arzt haben, der auf diese Weise vorgestellt wird? Dabei war dieser Chefarzt ein sehr intelligenter Mann, aber er hatte nicht das Rückgrat, um Ammon entgegenzutreten. Ammon gegenüber benahm er sich wie ein kleiner Junge, daher konnte er mir auch auf Dauer nicht helfen.
Mit den Patienten ging der neue Chef zu Anfang ehrlich um, obwohl er dafür in den Großgruppen in der üblichen Weise angegriffen wurde, auch in Gegenwart Ammons. Lange Zeit hielt er das durch, gestützt durch seine große Kompetenz als Psychiater. Jeden Tag unterzog er sich dem Martyrium, Ammon in Berlin anzurufen und ihm Bericht über die Lage der Klinik zu erstatten. Ammon konnte die Anrufe in Berlin über Lautsprecher abspielen, und so konnte es passieren, daß man mit einem Anruf mitten in ein Seminar hineinsprach, wo viele Menschen saßen. Dann hatte Ammon großen Spaß daran, den Anrufer lächerlich zu machen. Die Zuhörer im Seminar lachten mit – was sollten sie auch tun? In all den Jahren gab es nur einige wenige, die den Mut hatten, in einer solchen Situation aufzustehen und den Raum zu verlassen.

Aber es waren nicht viele. Sobald ich meine Stellung angetreten hatte, versuchte Ammon auch bei mir wieder seine üblichen Konfrontationen. Er wollte mir von Anfang an zeigen, wer Herr im Haus war. Aber jetzt wehrte ich mich, hätte er nicht aufgehört, dann wäre ich gegangen. Jeden Donnerstag kam er von Berlin aus in die Klinik und brachte eine seiner engsten Mitarbeiterinnen mit. Man hatte den Eindruck, diese Frauen waren keine wirklichen Menschen mehr. Sie plapperten ständig nur nach, was Ammon gerade gesagt hatte. Das war insofern unheimlich, als es sich oft um hochqualifizierte Fachleute handelte – und nun waren sie solche Arschkriecherinnen geworden. Ich erinnere mich an die erste Erfahrung dieser Art.
Ammon kam mit einer schlaksigen, magersüchtigen Ärztin aus Berlin und machte sofort mit ihr einen Rundgang durch alle Zimmer der Klinik. Ich war erst drei Tage im Dienst und wurde aufgefordert, die beiden zu begleiten. Während Ammon durch die Patientenzimmer ging, warf er mit allen möglichen Gegenständen, die gerade herumlagen, nach mir, immer mit dem zynisch-höflichen Kommentar: »Hier, Frau Oberschwester!« Ich fand keine Worte, denn mit einem solchen Verhalten hatte ich nicht gerechnet. Daher ließ ich alles geschehen, und Ammons Begleiterin sagte keinen Ton, weder zu ihm noch zu mir. Aber am Schluß ließ ich Ammon durch den Chefarzt bestellen, wenn er so etwas noch einmal täte, würde ich am selben Tag gehen. Das half, einige Zeit lang steckte Ammon mir gegenüber zurück. Er konnte warten, er beobachtete, wie ich mich wieder in seinem Netz verstrickte, seine Stunde kam noch früh genug. So wurde ich von ihm öffentlich herausgehoben, ich sei tüchtig, auf mich könne man sich verlassen. Nur in den Großgruppen wagte es Ammon schnell wieder, gegen mich vorzugehen. Die Patienten beschwerten sich natürlich über meine Art, ich erschien ihnen zu hart, ich verlangte und verbot zu viel. In dieser Lage war ich für Ammon Freiwild, denn ich glaubte ja an die Ideen der Dynamischen Psychiatrie, ich konnte nicht sagen, die Patientengruppe habe unrecht. Auch sonst benutzte Ammon die Großgruppe als Tribunal. Dort wurden Mitarbeiter »geschlachtet«, es konnte nicht hart

genug zugehen. Ammon war ein Genie im Anheizen von Konflikten und im Ausspielen der Leute gegeneinander. Er goß Benzin ins Feuer, und weder die Patienten noch die Mitarbeiter durchschauten ihn – oder sie getrauten sich nicht, etwas zu sagen.
Wenn Ammon in München war, übernachtete er nicht in der Klinik, sondern im Hotel Bayerischer Hof. Wir als die führenden Mitarbeiter mußten ihn immer vom Flughafen abholen, dann fand eine erste interne Besprechung statt. Dabei wollte er nur hören, was ihm paßte. Echte Probleme konnte man kaum vortragen. Aber fand er später heraus, daß wir etwas verschwiegen hatten, wurde uns dies nachdrücklich vorgehalten.
Interessant ist noch, warum Ammon im Bayerischen Hof abstieg, denn am Anfang hatte er während seiner Besuche in der Klinik gewohnt, und später wurde für ihn wieder ein kleines Dachkämmerchen hergerichtet. Aber einmal war in der Klinik die Heizung ausgefallen, und Ammon mußte nachts frieren. Das war selbstverständlich nicht einfach ein technischer Fehler seiner Meinung nach, sondern es war ein Attentat auf seine Gesundheit. Die Mitarbeiter hatten, so Ammon, die Heizung ausfallen lassen, damit er sich den Tod hole. Unter heftigen Beschuldigungen zog er in das Hotel um, natürlich auf Kosten der Klinik. Für ihn war der Tausch von Vorteil, aber die Mitarbeiter blieben wie immer mit einem schlechten Gewissen zurück. Ich vermute, daß viele dachten, wieviel leichter sie es hätten, wenn es Ammon nicht gäbe. Aber solche Ideen wurden nicht laut, im Gegenteil. Sie führten zu vermehrten Schuldgefühlen.
Ammons Tyrannei beschränkte sich nicht nur auf die Klinik. Einmal kamen wir mit ihm zum Bayerischen Hof, und es stellte sich heraus, daß nichts für ihn vorbereitet worden war. Wir warteten lange an der Rezeption, während seine Mitarbeiterin aus Berlin für ihn Ärger machte. Sie beschimpfte die Leute am Empfang, die Spannung war unerträglich. Endlich hatte sich ein Zimmer für Ammon gefunden, und ein Gepäckträger lief auf uns zu. Da bekam Ammon einen seiner Wutanfälle, nahm in aller Öffentlichkeit seinen großen Koffer und warf ihn dem Träger entgegen. Die Situation war unmöglich, denn der Gepäckträger

wußte gar nicht, wie ihm geschah. Es war ein älterer Mann, der von der Behandlung sichtlich schockiert wurde. Oben im Zimmer entschuldigte sich Ammon bei dem Gepäckträger und steckte ihm zehn Mark zu. Da schämte ich mich für Ammon. Er führte sich auch sonst so auf, als ob alle Welt ihn kennen müsse. Dabei war er außerhalb von Fachkreisen selbst in seiner besten Zeit nie wirklich bekannt. Jetzt kennt ihn eine größere Öffentlichkeit, aber auf eine Weise, die ihm sicherlich ebenfalls nicht recht ist.

Schlimmer als all das war die ständige Überforderung in der Klinik. Ich hatte als Oberschwester nicht nur eine Aufgabe, sondern tausend Aufgaben. Wie der Chefarzt war ich daher fast Tag und Nacht im Haus. Wir arbeiteten wie besessen, wir wollten gleichzeitig die Milieutherapie aufbauen und die zusammengewürfelten Patienten zu einer therapeutischen Gruppe formen.

9. Der Umgang mit Patienten

Aus der Sicht eines Patienten lief die Aufnahme in der Klinik Menterschwaige folgendermaßen ab: Meist fanden mit jedem, der aufgenommen werden wollte, drei Vorgespräche statt. Dabei wurden die Beweggründe besprochen, die die Hilfesuchenden zu uns gebracht hatten, und die jeweilige Krankengeschichte wurde in großen Zügen geklärt. In diesen Gesprächen wurde den Anwärtern das Gefühl vermittelt, es sei ein ganz besonderes Vorrecht, von der DAP akzeptiert zu werden, denn schließlich stünden zahllose Patienten auf der Warteliste. Aufgrund der Vorgespräche wurde auch die Diagnose erstellt, jedoch nicht mit Begriffen der herkömmlichen Psychiatrie. Vielmehr wurde eine psychodynamische Charakterisierung des Patienten mit dem Ziel versucht, seine Reaktionen in der Klinik vorherzusagen. Auch die Pflegekräfte wußten über diese Art der Diagnostik Bescheid: Erstens wurden die Mitarbeiter nach demselben System bewertet, und zweitens wurden die Patientinnen und Patienten bei der Aufnahme anhand ihrer Charakterisierung in der Großgruppe vorgestellt. Dabei gingen die Ärzte insofern individuell vor, als je

nach Diagnose jeder verschieden behandelt wurde. Der eine wurde sehr freundlich, ja fast liebevoll eingeführt, so daß man vor Mitgefühl fast in Tränen ausbrach. Der nächste wurde dann schon in der ersten Gruppensitzung derart konfrontiert, daß ich nicht begriff, wie er so etwas aushalten konnte. Die anderen Patienten in der Gruppe lernten sehr schnell, sich diesem System anzupassen und das Urteil der Ärzte zu bestätigen; so wurden selten gegenteilige Ansichten über eine Person laut. Und wenn sich jemand doch äußerte, wurde ihm sofort unterstellt, er oder sie sei eifersüchtig auf den neuen Patienten und wollte die Aufnahme verhindern. Manchmal war es auch opportun, sich eifersüchtig zu gebärden, denn damit lenkte man die Aufmerksamkeit der Therapeuten auf sich und wurde, wenn alles gutging, als ehrlich anerkannt. Aber prinzipiell war Eifersucht ein Zustand, für den man verantwortlich gemacht wurde und den es abzulegen galt.
Für diejenigen Patienten, die mit schweren Problemen in die Klinik kamen und zuerst eine gewisse Geborgenheit gebraucht hätten, war die Vorstellung in der Großgruppe oft eine Tortur. Daß sie vor den schweren Konfrontationen häufig einfach flüchteten, kann ich im Rückblick gut verstehen. Aber in solchen Fällen versuchte niemand, die innere Not und den Schrecken dieser Menschen zu verstehen, alles wurde ihrer »Psychodynamik« zugeschrieben. Auch Medikamente gab es für sie kaum, außer sie waren schon vorher medikamentös behandelt worden; dann wurden die Mittel nicht abrupt abgesetzt.
Welche Diagnosen die Patienten nach herkömmlichen psychiatrischen Kenntnissen nun eigentlich hatten, kann ich im nachhinein nicht mehr sagen, da ich zu unkritisch nach den Methoden der Dynamischen Psychiatrie arbeitete. Ich bin sicher, daß wir einige Patienten mit einer schweren schizophrenen Psychose hatten, aber die meisten waren sicherlich nicht psychotisch. Große Schwierigkeiten bereiteten uns die manisch-depressiven Patienten: Wir wurden mit den depressiven Phasen nicht fertig, und den manischen gegenüber waren wir vollends hilflos. Wenn man danach suchte, konnte man in Ammons Schrifttum zwar etwas über die Behandlung solcher Patienten finden, aber immer nur

theoretisch von der prinzipiellen tiefenpsychologischen Interpretation her. Es gab Fallbeispiele, in denen Besserungen geschildert wurden, die es in Wirklichkeit nicht gab. Schließlich betreuten wir diese Patienten und wußten Bescheid. Einmal kam es vor, daß eine Therapeutin in einer wissenschaftlichen Arbeit eine angeblich erfolgreiche Schizophrenietherapie beschrieb. Wir wußten aber, daß sich dieser Patient längst umgebracht hatte.

Süchtige Patienten mußten bei der Aufnahme versprechen, keine Drogen zu nehmen oder nicht mehr zu trinken. Und was ich jetzt als ziemlich absurd empfinde: Auch suizidale Patienten mußten versichern, sich nicht in der Klinik umzubringen. Mit diesem Versprechen wurden sogar hochsuizidale Patienten aufgenommen, was uns große Sorgen machte, denn weder für eine gute Kontrolle des Suchtverhaltens noch für die Begleitung suizidaler Patienten waren wir eingerichtet. Ich bin auch nicht sicher, ob die Konzession der Klinik diese Aufnahmen abdeckte. Es gab keine geschlossene Abteilung, dafür jede Menge völlig unbeaufsichtigter Eingänge und Ausgänge. Wir waren nie sicher, ob nicht gerade irgendein Patient in depressiver Stimmung das Haus verlassen hatte oder gar während eines psychotischen Anfalls weggelaufen war.
Der Druck auf die Mitarbeiter war enorm. Viele von ihnen hatten noch nie in der Psychiatrie gearbeitet, und die seelischen Probleme der Patienten waren zum Teil so tiefgreifend, daß die Mitarbeiter über ihre Kraft hinaus ständig nur Gebende waren. Jeder Mitarbeiter, vom Küchenpersonal an aufwärts, hatte sogenannte Hauspatienten zu betreuen. Er sollte diese vier bis sechs Leute jeden Tag etwa zehn Minuten sprechen. Dabei handelte es sich nicht um ein therapeutisches Gespräch, sondern mehr um die Probleme des Klinikalltags. Aber sehr schnell entstand wieder die bekannte Rivalität zwischen den Therapeuten und den Pflegekräften, denn jeder wollte die Patienten am besten verstehen und am besten therapieren. Dazu trug Ammons Methode bei, sämtliche Probleme der Patienten als Probleme der Mitarbeiter hinzustellen. Was blieb uns anderes übrig, als auf diese Form der Schuldzuwei-

sung einzugehen und zu versuchen, Schuld von uns weg auf andere zu schieben? Wenn schon die Patienten die Psychodynamik von Mitarbeitern ausagierten, dann sollte es zumindest die Psychodynamik der anderen sein!

Selbst die massivste Pathologie wurde von Ammon den Mitarbeitern angelastet: Ein psychotischer Schub, tätliche Angriffe, ständiges Querulantentum waren das »Austragen der unbewußten Aggressionen der Mitarbeiter«. Wenn jemand (was nicht selten vorkam) in unerträgliche Angstzustände geriet, gehalten werden wollte und sich nach Nähe und Geborgenheit sehnte, dann drückte er eben etwas aus, was für die Therapie der Mitarbeiter wichtig war. Und wollte man sich in dieser Lage Rat bei Ammon holen, konnte es leicht geschehen, daß man über das Telefon verspottet wurde. Nicht selten ließ Ammon, wie ich bereits berichtete, eine ganze Gruppe mithören, wie er den Münchner Therapeuten herunterputzte. Dahinter stand die wahnwitzige (und in so krasser Form natürlich nie ausgesprochene) Idee, die Patienten könnten sofort gesund werden, wären nur erst die Mitarbeiter richtig gesund. »Was in einer Gruppe krank wurde, kann in einer Gruppe heilen.« Wenn die therapeutische Gruppe nicht heilen konnte, mußte sie selbst noch krank sein – so einfach war das für Ammon. Und da die Patienten selten wirklich gesund wurden, sagte Ammon ihnen ganz folgerichtig, die Mitarbeiter seien eben noch kränker als sie selbst. Sie sollten sich – so Ammon – vor dem Ausagieren der Mitarbeiter in acht nehmen – was sie auf ihre Weise dann auch taten. Es gab in der DAP (mit Ausnahme Ammons) nur eine Befindlichkeitsskala, die von »krank« bis »noch kränker« reichte. Und die Patienten übten Druck aus, um alle Zuwendung herauszuschlagen, die sie erhalten konnten. Natürlich steckten sie, zumindest wenn Ammon sie unterstützte, die Mitarbeiter in die Tasche.

In der Teamarbeit, die jeweils nach der Großgruppe stattfand, ging es nicht anders zu als in Anwesenheit der Patienten. Die Teamarbeit schien im wesentlichen als Plattform zu dienen, auf der Ammon uns beweisen konnte, wie dumm wir alle waren. Zum Beispiel sollten die Mitarbeiter in Rollenspielen demonstrieren, wie ein Aufnahmegespräch auszusehen habe, wie eine therapeutische Intervention ablaufen solle usw. Natürlich machte keiner die Sache richtig; jeder der Rollenspieler wurde dem Team als Opfer präsentiert, das harte Kritik verdiente. Und diese destruktive Kritik kam, man tat sich leicht damit, solange es einen nicht selbst betraf. Jeder versuchte wie üblich, alles besser zu wissen, um irgendwie in die Gunst Ammons zu gelangen. Und wenn es Ammon gerade in den Kopf kam, war er imstande, uns die Köchin als Vorbild zu präsentieren und zu beweisen, daß sie eine bessere Therapeutin sei als alle anwesenden Fachleute. Niemand wehrte sich dagegen. Und die Köchin, die sich ungeheuer bestätigt sah, spielte das verrückte Spiel mit wie schon zuvor in der Klinik Obermenzing. Natürlich gab es auch Lob, und die zeitweiligen Lieblinge Ammons waren stets die besten Therapeuten. Aber auf seine Gunst war kein Verlaß, auf den Lobpreis folgte irgendwann der schonungslose Angriff. Alles zusammen wurde dann als Schulung in der besten Psychiatrie der Welt ausgegeben und von uns akzeptiert.

In Wirklichkeit fühlten wir uns sowohl menschlich als auch fachlich alleingelassen, und gleichzeitig wurden wir auf die beschriebene pseudopsychologische Weise für alles verantwortlich gemacht. Die sogenannte psychoanalytische Milieutherapie wurde zum Beispiel von den Krankenpflegekräften geleitet, und ich mußte sie dafür ausbilden. Es klingt unglaublich, aber erst jetzt im Rückblick wird mir klar, daß es für die Milieutherapie kein Konzept gab, keine Anweisung, keine Einführung, die ich jemand hätte in die Hand drücken können. Es galt einfach als selbstverständlich, daß man sich solche Dinge im Dunstkreis der »Dynamischen Psychiatrie« aus den Fingern saugen könne – war es doch die einzig wirklich gute Psychiatrie der Welt! In Wirklichkeit mußte man eben dann mit selbstgestrickten Methoden arbeiten; aber wehe, wenn Ammon Fragen stellte oder wenn es Probleme gab, dann wurde endlos und schonungslos kritisiert.

Ich hatte meine eigenen Vorstellungen von der Milieutherapie, darum konnte ich auch etwas zuwege bringen. Ich kümmerte mich nicht um die »Psychoanalyse«, sondern darum, daß die

Patienten sich in möglichst konkreter Weise betätigten. Was ich zu Anfang nicht wußte, war, welche Anstrengung es erfordert, Menschen zu Aktivitäten zu bewegen, die keinerlei Sinn mehr in ihrem Leben sahen und die durch die zum Teil jahrelange Klinikbetreuung verlernt hatten, irgend etwas selbst zu tun. Jede Milieutherapie-Gruppe bestand aus 14 bis 16 Leuten, und jeder Patient hatte mitzumachen, auch wenn er anderswo als Fall für die Intensivpflege gegolten hätte. Die Leiter dieser Gruppen hatten es entsprechend schwer. Sie mußten zuerst alle Teilnehmer zusammenholen, sie motivieren und dann mit ihnen an einer Aufgabe arbeiten, von der sie manchmal weniger verstanden als die Patienten. Erst jetzt, während ich schreibe, wird mir bewußt, daß viele Patienten in dieser Lage sehr viel geleistet haben, um die Arbeiten am Laufen zu halten. Ohne diese Mithilfe wäre die Milieutherapie, und eigentlich die ganze Klinik, kaum funktionsfähig gewesen. Natürlich erhielten die betreffenden Patienten dafür keinerlei Anerkennung.
Gelang es bei einem Patienten nicht, ihn zur Mitarbeit zu bewegen, dann war selbstverständlich der Therapeut schuld. Ich glaubte das auch, schließlich hatte ich keine andere Ausbildung als die der DAP erhalten, und als Gegenbild stand mir stets die geschlossene Abteilung der Uniklinik vor Augen. Durch meine Vorwürfe habe ich sicherlich viele Mitarbeiter belastet, und sie fühlten sich mit Recht von mir ebenso verraten, wie ich mich von Ammon und seiner Führungsgruppe verraten fühlte. In dieser Situation gab ich nach »unten« weiter, was ich selbst von »oben« erlebte. Erst nach und nach begriff ich, welchen Einfluß die Vorgeschichte der Patienten auf einen möglichen Erfolg und Mißerfolg ausübte, und daß es bei manchen von ihnen viel Zeit brauchte, überhaupt Vertrauen zu schaffen, auf das Forderungen aufbauen konnten. In der Lehre der DAP fehlte es bereits an einer vernünftigen Begriffsbestimmung von psychischer Krankheit, auf den sich eine humane Therapie hätte stützen können.

Wenn ich mir die Arbeit vorstelle, frage ich mich, wie wir den Klinikbetrieb damals überhaupt aufrechterhalten konnten. Es gab

keine Intensivstation, kein Pflegepersonal für Notfälle, obwohl ich jemand dafür beantragt hatte, um einen psychotisch gewordenen Patienten gezielt behandeln zu können. Dieser Patient mußte, meist ohne Medikamente, viel zu lange gemeinsam mit den übrigen Patienten mit betreut werden. Er litt unter Verfolgungsängsten, sah überall Feinde und mußte es dabei ertragen, daß ständig viele Menschen um ihn herum waren. Die anderen Patienten hatten es wegzustecken, daß er sie angriff oder laut brüllend umherrannte. Trotzdem gab es keine Medikamente – es galt in der Klinik als Versagen, wenn ein Arzt es nötig hatte, Medikamente zu verabreichen. Er bewies damit, daß es ihm nicht gelungen war, den Patienten richtig zu verstehen. Die ganze Breite wissenschaftlicher Kenntnisse und medizinischer Methoden wurde auf das unsägliche Wort »Psychodynamik« eingeengt. In der DAP verfolgte mich dieses Wort bis in den Schlaf hinein; die Psychodynamik (besonders die eigene) war in Gedanken stets dabei. Es gab keine Handlung eines Mitarbeiters oder eines Patienten, mit der er nicht seine Psychodynamik ausdrückte – und die anderen suchten und fanden meist destruktive Aggressionen dahinter, besonders wenn ihnen etwas nicht paßte. Man arbeitete sich selbst so gut in dieses System hinein, daß man imstande war, jederzeit rechtzeitig die richtige Psychodynamik zu entdecken, um sich durchzusetzen oder zu wehren. Nur gegen Ammon gab es keine Gegenwehr, und er wußte auch die Münchner Mitarbeiter in Abhängigkeit zu halten: Aus irgendeinem Anlaß heraus ordnete er an, daß alle Münchner Therapeuten jeden Dienstag an gruppendynamischen Sitzungen teilzunehmen hatten, die unter der Leitung seiner Frau in Berlin stattfanden. Das verursachte den Therapeuten enorme Kosten, denn jeder bezahlte den Flug selbst, und hinzu kam das Honorar, dessen Höhe ich nicht kenne. In der Folge war die Klinik jeden Dienstag fast wie verwaist, was den Pflegekräften vermehrte Schwierigkeiten bereitete.
Aber nicht nur die Therapeuten flogen nach Berlin zur Behandlung, auch Berliner Mitarbeiter wurden als Patienten in die Klinik Menterschwaige eingeliefert, getreu dem Dogma, daß sie oft kränker seien als die seelisch Kranken. Besonders unter den

Patientinnen gab es viele, die in irgendeiner Weise irgendwann einmal bereits Mitarbeiterinnen Ammons gewesen waren. Es handelte sich dabei um solche Frauen, die er als »noch nicht im Kern erreicht« beurteilte und die sich in der Klinik »ein Stück Therapie holen sollten«. Oft befanden sie sich bei der Klinikaufnahme in einem sehr angegriffenen, emotional und körperlich strapazierten Zustand und rangen mühsam darum, irgendwie noch ihr Gleichgewicht zu bewahren. Daher schienen sie auf den ersten Blick oberflächlich und verkrampft zu sein, was im DAP-Jargon »fassadär« genannt wurde. Sie wurden öffentlich, vor allem in den Großgruppen, mit Vorwürfen traktiert, sie wollten sich nicht verändern, sie würden an bürgerlichen Verhaltensstrukturen festhalten, sich nicht gehen lassen und damit ihre Therapie behindern. Wenn sie das lange genug gehört hatten, glaubten sie es selbst. (»Die Gruppe weiß, was mit jedem los ist.«) Die echten psychiatrischen Patientinnen und Patienten waren in Wirklichkeit häufig eifersüchtig auf die ehemaligen Mitarbeiter und halfen fleißig dabei mit, das System der Entwürdigung aufrechtzuerhalten.
Allerdings machte man bei den zu Patienten gewordenen Mitarbeitern große Unterschiede. Die Frauen (nur wenige Männer waren dabei) wurden meist direkt oder indirekt dazu animiert, schlanker zu werden und sich stärker an Ammon anzuschließen. Taten sie es nicht, wurde ihnen unterstellt, sie setzten sich nicht für ihre Therapie ein. Ich kann mich auch nicht erinnern, daß jemals ein Mann die Anweisung erhielt, abzunehmen. Die Männer (auch die Mitarbeiter) wurden andererseits aber so hart konfrontiert, daß die Frauen in der Regel nichts mit ihnen zu tun haben wollten. An der Oberfläche ging es also sehr frauenfreundlich zu: Frauen saßen neben Ammon auf den höchsten Posten oder hatten (wie ich selbst) mehr zu sagen als die Männer. Sie verfügten über mehr Macht als in jeder anderen Klinik, aber letztlich geschah alles in Abhängigkeit von dem einen Herrn und Meister. Im Rückblick habe ich den Eindruck, dieses System habe dazu beigetragen, die Frauen für Ammon und seinen Adjutanten zu gefügigen Objekten zu machen, indem gleichberechtigte Paar-

beziehungen verhindert wurden. Männer, die ständig gedemütigt und als Trottel hingestellt wurden, waren für Frauen keine attraktiven Partner, aber dadurch blieben Männer und Frauen auch isoliert und hilflos. Um die Zusammenhänge deutlich zu machen, möchte ich eine Episode beschreiben, die mir besonders im Gedächtnis geblieben ist.

Ein ehemaliger Mitarbeiter von Ammon, ein junger Arzt, wurde als Patient in die Menterschwaige geschickt. Ammon veranstaltete extra seinetwegen eine Großgruppe, die er selbst leitete und die sich zu einer zweistündigen Konfrontation dieses jungen Mannes entwickelte. Was ihm dabei alles unterstellt wurde, es war grauenhaft, dies mitanzuhören! Unter anderem hatte er sich einmal in Berlin tagelang abgesetzt und war nicht mehr auffindbar gewesen. Jetzt wurde ihm unterstellt, er habe Strichjungen und Prostituierte aufgesucht, um seine innere Verwahrlosung auszuleben. Schon in Berlin hatte der Mann deshalb heftige Konfrontationen erlebt und war in einen so desolaten Zustand geraten, daß selbst Ammon einen möglichen Suizid zu fürchten begann. Daher war er nun in der Menterschwaige, und ihm wurde mit einem zweistündigen Trommelfeuer von Angriffen »geholfen«. Seine Verdienste als Arzt, seine eigenen Fachkenntnisse spielten keine Rolle mehr.

Nachher war dieser Arzt mit mir in einer Gruppe, und ich erlebte ihn als in einer ganz merkwürdigen Abhängigkeit von Ammon. Warum er sich die unbarmherzige Herabsetzung so widerstandslos – und bis zu einem gewissen Grad ungerührt – hatte gefallen lassen, erzählte er nur nach und nach. Aber schließlich kam heraus, daß er sich als Arzt etwas hatte zuschulden kommen lassen und sich ursprünglich an das Berliner Institut gewandt hatte, um in seinen seelischen Konflikten therapeutische Hilfe zu erhalten. Mit dem Wissen um die frühere Verfehlung hatte Ammon ihn nun in der Hand. Er ertrug alle Schmähungen, solange Ammon diesen wunden Punkt nicht ansprach. Und natürlich war Ammon klug genug, um das Druckmittel nicht aus der Hand zu geben – er nannte das eigentliche Problem nie beim Namen. Es gelang ihm dadurch, den jungen Arzt vor der gesamten Großgruppe so zu entwürdigen, daß niemand mehr unbefangen mit ihm umging. Ich hätte mich gerne mit ihm verbündet, denn immerhin hatte ich ähnliche Erfahrungen gemacht. Aber das wagte ich nicht und er wohl auch nicht, denn keiner wußte vom anderen, ob er nicht bei jeder günstigen Gelegenheit wieder Ammons Partei ergreifen würde.

Den Frauen erging es anders als den Männern. Ein Mittel, um sie hörig zu machen, war die von Ammon selbst geleitete Tanztherapie, die ich besonders abstoßend fand. Dabei war die Grundidee dieser Therapieform hochinteressant: Patientinnen, die sich sprachlich nicht ausdrücken konnten und die zum Teil gar nicht sprachen, sollten imstande sein zu tanzen. Dadurch wurde der Tanz zu einem echten therapeutischen Instrument, von dessen Wert am Anfang alle Mitarbeiter überzeugt waren. Aber was machte Ammon daraus? Vor jeder Sitzung wurde der größte Raum der Klinik mit Kerzen geschmückt und die Apparate für die Videoaufnahmen vorbereitet. Um die Qualität der Videofilme und Photos zu garantieren, wurden Bühnenscheinwerfer aufgebaut. Ammon kam meist viel zu spät und verbreitete mit seinem Auftritt eine Stimmung, als betrete ein Gott den Raum, von dem nun Gnade und Ungnade verteilt wurde. Zwar brachte jedermann seine eigenen Musikaufnahmen mit, aber Ammon bestimmte, was davon geeignet und was ungeeignet sei. Die Idee war, daß jeder sich nach derjenigen Musik bewegen solle, bei der er frei werden konnte. Aber jeder einzelne Tanz – ich muß fast sagen, jede einzelne Vorführung – wurde von Ammon und den anderen Anwesenden kritisch unter die Lupe genommen. Dabei galt es auf das zu achten, was der Meister sagte. Wenn man einen Tanz anders erlebt hatte als er, mußte man sich sehr vorsichtig äußern, sonst konnte es heftige Kritik hageln. Bei der Bewertung der Tänze gab es verschiedene Klassen; am besten gefielen Ammon die Frauen, die er als »androgyn« bewertete. Die sogenannten androgynen Frauen »machten wirklich Therapie«, sie »tanzten berührend«. (Der zweigeschlechtlich empfindende und zweigeschlechtlich sich verhaltende, androgyne Mensch stellt nach

Ammons Theorie das »heile« Urbild des Menschen dar.) Andere, psychisch wirklich kranke Patienten durften sich allerdings ebenfalls ausdrücken, für sie fand eher eine echte Therapie statt. Manche konnten sich kaum bewegen, auch sie wurden gelobt, weil sie den Mut gehabt hatten, so zu sein wie sie sich fühlten.
Ich selbst tanzte gern und gut, ich machte zwei Versuche, mich an der Tanztherapie zu beteiligen. Ich hatte sogar die Vorstellung, Ammon dabei zu zeigen, wie sehr ich mich von ihm eingeengt fühlte, so daß sogar mein Tanz behindert wurde. Aber ich gefiel Ammon nun einmal nicht, und ein Assistenzarzt, der sich meine Vorstellung hinterher auf Video ansah, riet mir ab. Er meinte, ich solle nicht mehr teilnehmen, ich würde nur verletzt und Ammon wolle nichts von mir wissen. Ich folgte dem Rat und mied künftig die Tanztherapie.
Meine damalige Freundin, eine schöne junge Frau, wurde von Ammon sehr bevorzugt, da sie hervorragend tanzte. Sie wurde dafür gelobt, aber gleichzeitig wurde sie unerhört angegriffen, da sie Ammon noch nicht hörig genug war. Mit anderen Worten, sie unterhielt innerhalb der DAP Männerbeziehungen auf eigene Rechnung. Ammon erklärte ihr, sie könne so gut tanzen, er wünsche sich, sie würde Berufstänzerin werden, er könne sie in Berlin bei kleineren Tanzbühnen unterbringen und so weiter und so fort. Aber solange sie noch mit jedem Mann ins Bett gehe (das sprach Ammon öffentlich aus), sei ein solcher Beruf natürlich nicht zu empfehlen. Auf diese Weise band Ammon viele Frauen an sich, und häufig reagierten sie genau so, wie er es wollte. Sicherlich hatten viele von ihnen bereits Situationen der Abhängigkeit hinter sich und waren in gewisser Weise bereit, sich erneut abhängig zu machen. Einige fühlten sich überaus geschmeichelt: Der Meister begehrte sie! Es war nicht einfach, sich gegen dieses Gefühl zu wehren. Meiner Freundin gelang es, sich davon nicht einfangen zu lassen, mit den üblichen Folgen: Sie fiel in Ungnade und wurde entlassen. Und wie immer gab es nicht viele Freunde aus früheren Zeiten, die zu ihr hielten.

10. Kongresse und Reisen

Es ist viel Zeit verstrichen, seitdem ich zuletzt an meinem Bericht geschrieben habe. Ich brauche einfach Zeit und Raum, um das zu verarbeiten, was mich noch näher betrifft als die zu Anfang beschriebenen Ereignisse. Die Erinnerung daran, wie ich trotz meiner Enttäuschung über Ammon wieder in die DAP hineingeraten konnte, macht mir schwer zu schaffen. Aber es hat sich inzwischen auch einiges geändert: Die Ermittlungen gegen Ammon sind in vollem Gang, und ich habe eine Reihe von früheren Beziehungen wieder aufgenommen. Es gelang mir sogar, ein Treffen mit den Leuten zu arrangieren, die als erste einen Prozeß gegen Ammon geführt haben und die sich wiederum mit den vier Leuten besprechen, die die neueren Informationen für die Staatsanwaltschaft und die Gesundheitsbehörde geliefert haben. Ich treffe mich auch regelmäßig mit Frau Bass, einer Autorin von »In irrer Gesellschaft«, und mir fallen mehr und mehr die Schuppen von den Augen. Auch Frau E. (eine Analytikerin) geht sehr mütterlich mit mir um. Sie findet mich mutig, sie mag mich einfach – eine ganz unerwartete Erfahrung, wenn man aus der Dynamischen Psychiatrie kommt. Mir tut es gut, mit ihr zu plaudern, an den analytischen Gesprächen liegt mir weniger. Es ist eine tolle Erfahrung, daß ich mich entspannen kann, daß ich einfach aus mir herausgehen kann, und ein anderer Mensch findet mich dabei ganz in Ordnung. Dabei merke ich, wie sehr ich den Maßstab der Klinik Menterschwaige an die ganze Welt anlege. Es ist mir in Fleisch und Blut übergegangen, Tag und Nacht, immer und überall Kritik zu erwarten.

Trotzdem hat sich viel verändert, seitdem ich mit dem Schreiben angefangen habe. Mein abgrundtiefer Haß ist verschwunden, wohl auch deshalb, weil ich jetzt miterlebe, daß es auch Ammon an den Kragen gehen kann, daß er dem, was er verdient, nicht ganz entkommt. Natürlich wehrt er sich verzweifelt, aber dabei tritt nur noch mehr zutage, was für ein Mensch er ist. Als Ende letzten Jahres die Klinik polizeilich durchsucht wurde, war das Giftbuch verschwunden, immerhin eines der wichtigsten Dokumente einer

Klinik. Natürlich wußte man in der Klinik nicht, daß ein Mitarbeiter der Behörde bereits eine Kopie zugespielt hatte. Inzwischen wurde das Giftbuch nachgereicht, und niemand wunderte sich, daß die Originalangaben mit den neuen Eintragungen nicht übereinstimmten.
Inzwischen bin ich sogar dabei, meinen langjährigen DAP-Größenwahn ein wenig abzulegen. Ich habe den Flötenunterricht wieder aufgenommen, aber diesmal ohne jede Überforderung, mit lauter Anfängern. Natürlich komme ich da gut mit, und endlich erfahre ich keinen Tadel, sondern Lob und Anerkennung. Kürzlich habe ich mich wegen eines Lobs so aufgeregt, daß mir richtig klar wurde, wie nötig ich Anerkennung brauche. Außerdem besuche ich einen Italienischkurs für Anfänger. Auch dabei gelingt mir so manches, und ich verspüre nicht den Wunsch, die Beste zu sein. Ich bin sehr erleichtert darüber, und das alles macht mir großen Spaß. Mit Almut, einer Freundin aus der Zeit in der Klinik, die ebenfalls aus der DAP ausbrach, komme ich sehr gut aus.

Wenn ich alle diese neuen, schönen Seiten meines Lebens aufzähle, möchte ich gar nicht mehr an die Menterschwaige, an Ammon und an die Patienten zurückdenken. Trotzdem, ich setze meinen Bericht fort.
Inzwischen spielt sich die Tanztherapie bei Ammon erheblich anders ab, als ich es im letzten Bericht schilderte: Sowohl die erotischen als auch die religiösen Aspekte wurden verstärkt. Es wird oft nackt getanzt und das Körperhaar entsprechend abrasiert, es gibt Anleihen bei den Sufi-Tänzen und bei der rituellen Götterverehrung. Diese Entwicklung entstammt dem Versuch Ammons, sich die Welle neuer Religiosität zunutze zu machen und in der New Age-Szene Anhänger zu finden. Soweit war es zu meiner Zeit als Oberschwester noch nicht gekommen. Die wissenschaftliche Anerkennung, die Ammon mittlerweile von oben herab als unwesentlich abtut, war früher sehr wichtig. Er spielt nun den Esoteriker, der er angeblich schon immer war – früher spielte er noch den progressiven und viel verkannten Wissen-

schaftler. Von daher betrachtet waren die großen Ereignisse der DAP die sogenannten »internationalen Kongresse«. Dafür mußten sich auch die Patienten bemühen, sie malten die großen Transparente, die beim Kongreß ausgehängt wurden, und sie studierten Theaterstücke ein. Den ausländischen Wissenschaftlern sollte vorgeführt werden, wie hervorragend die Ergebnisse der Dynamischen Psychiatrie sind. Entsprechend mühten sich Patienten und Mitarbeiter in Tag- und Nachtschichten ab, um die Klinik herzurichten. Außerdem sollten möglichst alle Mitarbeiter mit einem wissenschaftlichen Beitrag aufwarten: Wir empfanden es als Ehre, vor einem so großen Publikum auftreten und zu den Wissenschaftlern gehören zu dürfen. Die einzelnen Referate wurden meist von Patienten in Nachtarbeit getippt, weil die Schreibmaschinen der Klinik tagsüber anderweitig gebraucht wurden. Wichtig war, daß das Therapiekonzept Ammons jeder Arbeit zugrunde lag – in der Praxis wurden andere Schulmeinungen kaum herangezogen. Letztlich spürte jeder die Erwartung, den Ansatz Ammons herausstreichen und alle übrigen Ansätze abwerten zu müssen. Es war schwer, in dieser Art zu schreiben – mir ist eine Arbeit selten so unangenehm gewesen. Anderen Mitarbeitern ging es ähnlich. Irgendwie gelingt es doch nie, die eigene Unabhängigkeit kampflos fahren zu lassen – zumindest das kritische Denken wehrt sich gegen die Unterdrückung.

Einmal war ein Kongreß gerade in vollem Gang. Die Ausländer wollten wir eigentlich gar nicht hören, ihre Aussagen erschienen uns im Vergleich zur Dynamischen Psychiatrie belanglos. Wir nahmen die Haltung ein, diese Leute sollten doch zuerst einmal von Ammon lernen. Natürlich machte sich diese Überheblichkeit bemerkbar, und auch Ammon selbst benahm sich den ausländischen Gästen gegenüber völlig daneben. Einige zogen daraus die Konsequenz, mit Ammon zu brechen – andere kamen aber immer wieder. Damals wußte ich nicht, daß es sich größtenteils um Leute handelte, die im eigenen Land unbekannt waren und nach einem Rahmen für ihre Arbeit suchten. Aus der Sicht Ammons vertraten sie aber stets die Psychiatrie eines ganzen Landes: Er sprach davon, daß uns jetzt Israel zu Füßen liege, mittlerweile spricht er

ähnlich von Indien. Brasilien stand angeblich geschlossen hinter ihm – aber als ich dort selbst die DAP-Klinik besuchte, hatte sie etwa dreißig Patienten. Von einem Einfluß auf die Medizin dieses großen Landes war absolut nichts zu erkennen.
Aber innerhalb der Dynamischen Psychiatrie war Ammon das Maß aller Dinge. Er bestimmte, welche Fragen behandelt wurden, und er bestimmte, welches Wissen galt. Wenn die Gruppe in einem Seminar einmal in eine Richtung ging, die ihm nicht paßte, ließ er die Teilnehmer Klausuren schreiben und informierte sich bestens anhand von deren Inhalt. Ich war in diesen »wissenschaftlichen« Diskussionen in einer schwierigen Lage, denn ich hatte weder Medizin noch Psychologie studiert und wußte meist wenig zu sagen. Dann wagte es Ammon bald wieder, mich als »die dumme...« hinzustellen. Das tat weh und kränkte mich so, daß ich nicht mehr klar sehen konnte. Dabei wußte ich medizinisch manches, was Ammon nicht wußte. Auch meine Sprachkenntnisse waren besser. Für Ammons Englisch, nach einem zehnjährigen Aufenthalt in den USA, würde sich jeder andere schämen. Aber er brachte es mit seinen Kränkungen so weit, daß ich ihm nichts mehr entgegnen konnte.

Trotz aller negativen Erfahrungen mit Ammons Charakter habe ich bis vor kurzem nie daran gezweifelt, daß Ammon allen Mitarbeitern fachlich überlegen war. Erst aus dem weiten Abstand zu ihm wurde mir klar, daß unter den Mitarbeitern sehr viel bessere Ärzte und auch bessere Psychologen waren, von den Kongreßgästen ganz zu schweigen, deren Niveau zum Teil weit über dem Ammons lag. Und trotzdem, ich hätte es wissen können. Ich begleitete Ammon auf zwei Urlaubsreisen nach Ägypten, und was ich dort an fachlicher Unkenntnis erlebte, spottet jeder Beschreibung. Erst jetzt wird mir klar, daß ein Teil von Ammons Verhalten auch dazu diente, seine fachliche Unsicherheit zu verdecken. Zum Beispiel erlitt eine Ärztin auf der Ägyptenreise 1980 eine Gallenkolik. Ammon riß sie an den Haaren aus dem Bett; sie mußte aufstehen und eine lange Busfahrt durch die Wüste mitmachen. Nach dem Abklingen der

Schmerzen bedankte sie sich im Bus bei ihm, daß er ihr so energisch geholfen habe, wie es sich eben für geprügelte Kinder gehört. Als Ammon einige Tage später in Luxor selbst eine Herzattacke erlitt, war von Energie keine Rede: Dieselbe Ärztin mußte ihm Spritzen geben, und wir anderen wagten kaum laut zu atmen, bis er wieder in Ordnung war.

Auf der zweiten Reise 1982 fiel eine der teilnehmenden Frauen von Kamel, als wir durch die Wüste ritten. Sie schlug hart mit dem Rücken auf. Während sie noch dalag, erhielt der ägyptische Karawanenführer von unserem liebevollen, human denkenden, androgynen und antifaschistischen Chef einen Schlag mit der Reitgerte mitten ins Gesicht. Warum hatte er auch den Zorn des Meisters erregt? Aber auch die gestürzte Frau wurde nicht untersucht, obwohl Ammon und andere Ärzte dabei waren. Wie ein verwundeter Soldat auf dem Schlachtfeld mußte sie sich allein aufrichten und versuchen, ob sie noch gehen konnte. Es ging, jedoch mit unsäglichen Schmerzen. Die Frau wurde auf ein Pferd gesetzt und langsam zum nächsten Quartier gebracht. Ich schwor mir, daß ich – Ammon hin oder her – dafür sorgen würde, daß die Frau ins Krankenhaus kam. Aber das war nicht nötig, denn dann geschah etwas, was wie eine Karikatur des ständigen Redens von der »Psychodynamik« anmutete: Ammon fiel selbst vom Pferd und brach sich neben einigen Rippen auch das Bein. Hätte ich gewagt, seine eigenen Waffen gegen ihn zu richten, so hätte ich sagen können: Er war eifersüchtig auf die gestürzte Frau, weil sie die Fürsorge der Gruppe auf sich zog. Daher sorgte sein Unbewußtes dafür, daß er selbst einen Unfall hatte, der ihn noch bedauernswerter machte und noch mehr Zuwendung verlangte. Es klingt so schön, aber leider ist diese fixe Idee, sämtliche Ereignisse als Folge der eigenen Psychodynamik zu deuten, von vornherein absurd. Schließlich bestimmt weder unser Bewußtsein noch unser Unbewußtes alles, was um uns her geschieht. In diesem Fall kamen immerhin beide Opfer ohne weitere Diskussion ins Krankenhaus.

Trotz dieser Erfahrungen nahmen wir in der Klinik prinzipiell an, Ammon wüßte stets, wie mit jedem Patienten umzugehen sei.

Daß er es oft auch nicht wußte und uns deshalb die Schuld an allen Problemen zuschob, auf diese naheliegende Idee kamen wir nicht. Genaugenommen stand hinter der Aura der Allwissenheit auch gar nicht so viel konkrete fachliche Information, die es bei ihm zu holen gab. Was hat Ammon immer aus seinem Leben erzählt! Stundenlang ging es um Berichte von seinen Erfahrungen, und wehe, jemand vergaß, was er von sich berichtet hatte. Der Inhalt von Fachliteratur durfte da schon eher vergessen werden. Ich selbst war zu Anfang in Schwierigkeiten, denn ich vergaß grundsätzlich, was Ammon mir aus seinem Leben mitteilte. Erst allmählich lernte ich, wie man sich zu verhalten hatte, damit er die Vergeßlichkeit nicht bemerkte. Wenn man in den Seminaren, die er hielt, ständig mit den Augen an ihm hing und immer freundlich nickte, sobald er etwas berichtete, dann stellte er keine Fragen. Wie oft habe ich genickt, obwohl ich genau wußte, daß er Unsinn daherredete! Keiner durfte ihm widersprechen, das konnte er nicht ertragen. Am erstaunlichsten finde ich jetzt, wie unverblümt und direkt Ammon log. Nein, eigentlich log er nicht einmal, denn er glaubte mehr oder weniger selbst, was er erzählte, zumindest im jeweiligen Moment. Darum wirkte er am Anfang auch so überzeugend.

Jetzt steigen wieder die Bitterkeit und der Schmerz in mir hoch, die jahrelange Unterdrückung verletzter Gefühle, die ständige Selbstverleugnung, um nicht noch mehr verletzt zu werden. Das endlose So-tun-als-Ob, das Heucheln von Begeisterung, das jedes echte Empfinden totschlägt! So langsam wurde mein Widerstand gebrochen, langsam wurde überhaupt jeder Widerstand gebrochen, und wer es nicht bemerkte, kam auch nicht mehr los. Immer wurde man heruntergemacht, immer war man selbst schuld, man war hart den Patienten gegenüber und verständnislos. Es ging so weit, bis man sich selbst als den letzten Dreck sah und froh war, die Arbeit überhaupt noch machen zu dürfen. Wenn ich davon erzähle, höre ich meist die unbedarfte Frage, warum wir alle nicht einfach gegangen sind. Aber es gab die Angstbindung an Ammon, es gab die Begeisterung für eine sinnvolle Psychiatrie, es gab die eigenen Verwundungen und Ängste, die unbarmherzig ausgenutzt wurden. Nicht jeder ließ sich so fangen – ich kenne genügend Leute, die nach einem kurzen oder längeren Kontakt rechtzeitig die Flucht ergriffen. Ich wollte aushalten, ich wollte die Patienten nicht verraten, ich wollte wirklich gut psychiatrisch arbeiten. Wäre diese Phantasie nicht so stark gewesen, hätte ich mich nicht so sehr erniedrigen lassen. So arbeitete ich jahrelang weit über meine Kraft, und das Ende war abzusehen.

11. Die Anzeige

An die
Staatsanwaltschaft
Landgericht München I
Prielmayerstraße 7
8000 München 35

Betreff: Strafanzeige wegen Körperverletzung

Hiermit stelle ich Strafantrag wegen Körperverletzung gegen:
Dr. med. G. Ammon
Chefkonsiliarius der Klinik Menterschwaige
München
Dr. Sch.
Chefarzt der Klinik Menterschwaige
München

Meine Begründung lautet wie folgt:
Vom 6. Juni 1980 bis zum 31. März 1985 war ich offiziell als Oberschwester in der Klinik Menterschwaige eingestellt. Nach völliger Arbeitsüberlastung während meiner mehrjährigen Mitarbeit bei Arbeitszeiten von bis zu 18 Stunden pro Tag und bei gleichzeitiger ständiger Kritik an meiner Person und meiner Arbeit seitens des Chefkonsiliarius Dr. G. Ammon geriet ich in einen schweren depressiven Ausnahmezustand. Da ich der Patienten wegen die Arbeit nicht aufgeben wollte, plagten mich

vor meinem Zusammenbruch öfters auch suizidale Gedanken, die meine Therapeutin, bei der ich der ständigen Schwierigkeiten mit dem Chefkonsiliarius wegen war, leider in keiner Weise verstand. Frau B., Diplompsychologin, stand Herrn Ammon durch ihre Ausbildung und freiberufliche Mitarbeit in der Klinik Menterschwaige sehr nahe. Sie hielt mich auch nicht davon ab, wieder in die Klinik zurückzukehren und mich der Kritik und der Arbeitsüberlastung weiterhin auszusetzen.
Aus vielen Gründen, besonders, da wir wenig ausgebildete Mitarbeiter hatten, hatte ich einen riesigen Aufgabenbereich. Dies ist auch aus meinem späteren Zeugnis zu ersehen. Als ich die Aufgaben nicht mehr bewältigen konnte, bekam ich furchtbare Versagensängste und wandte mich in vager Form an Dr. S., der erkannte, daß es mir sehr schlecht ging und mir zu Hilfe eilte. Er hatte sich, bevor er in der Nacht vom 7. auf den 8. Februar 1983 zu mir kam, noch Frau C., Diplompsychologin der Klinik, zu Hilfe geholt. Bevor die beiden bei mir auftauchten, hatte ich, um den seelischen Schmerz ertragen zu können, Alkohol getrunken, was sonst nicht meiner Gewohnheit entsprach.
Dr. S. nahm telefonisch Kontakt zu meiner Therapeutin, Frau B., auf, die mich am Telefon nur beschimpfte und mich dabei unter anderem eine »blöde Sau« nannte. Da mit ihr nicht zu reden war und keine Hilfe kam, riefen Dr. S. und Frau C. Dr. Sch. an, den Chefarzt meiner Arbeitsstelle. Er wies mich ohne lange zu überlegen in die Klinik Menterschwaige ein, wo er mich dann auch empfing und mir als erstes den Schlüssel für die Klinik abnahm und mich in irgendein Patientenzimmer legen ließ. In meinen depressiven Versagensängsten war ich nicht mehr in der Lage, von mir aus zu entscheiden, ob es richtig war, mich als Patientin in dieselbe Klinik einzuweisen, in der ich Oberschwester war.
Am nächsten Morgen, noch am Tag meiner Einweisung, wurde ich von Chefarzt Dr. Sch. der gesamten Großgruppe (d. h. allen Patienten und im Dienst befindlichen Mitarbeitern) als hochsuizidale Patientin vorgestellt. Durch die vorangehende ständige Arbeitsüberlastung und Schlaflosigkeit würde ich, so sagte er, Ruhe und Entspannung nötig haben. So wurde es auch der

Krankenkasse und dem vertrauensärztlichen Dienst der LVA Oberbayern mitgeteilt. Der Vertrauensarzt fügte in einem späteren Gespräch mit mir noch hinzu, daß es sich gleichzeitig um eine psychische Infektion handeln würde, was er meiner Diagnose hinzufügte.

An dieser Stelle muß ich sagen, daß mir Ruhe und Schlaf in einem ruhigen Zimmer und einer liebevollen Umgebung sicher geholfen und mich sehr schnell wieder auf die Beine gebracht hätten. Aber der Chefkonsiliarius Dr. Ammon ordnete eine Schlaftherapie für mich an, obwohl keinerlei Fachkenntnisse mit dieser Therapieform in der Klinik vorhanden waren. Ich wurde zwar gefragt, ob ich der Schlaftherapie zustimme, war aber zu dem Zeitpunkt kaum in der Lage, die Schwere dieses Eingriffs abzuschätzen. Schon am zweiten Tag nach meiner Einweisung wurde mit der Schlaftherapie begonnen, ich hatte daher keine Zeit zum Überlegen. Ich bekam sehr hohe Dosen an Psychopharmaka, wie in meiner Krankengeschichte dokumentiert sein müßte. Die Medikamente wurden mir intravenös verabreicht, obwohl bei den Ärzten hätte bekannt sein müssen, daß bei so hoher Dosierung die Venen sich sehr schnell entzünden und später nachhaltig nekrotisieren. Dies trat auch sehr bald ein. Was das schlimmste war und was auch den Grund für meinen Strafantrag bildet, war die Tatsache, daß ich nach kurzer Zeit in ein Medikamentendelirium geriet, vom Chefarzt aber ohne eine Kontrolle der Blutwerte auf ein Alkoholdelirium hin behandelt wurde. Hätte zu diesem Zeitpunkt der Assistenzarzt Dr. G. nicht Nachtdienst gehabt, hätte die Sache tödlich ausgehen können. Dr. G. erzählte mir nachträglich, er habe die ganze Zeit die Ansicht vertreten, daß das Delirium auf eine Überdosis an Medikamenten zurückgehe. Erst nachts, als mein Zustand sich sehr verschlechtert hatte, konnte er sich jedoch damit durchsetzen, worauf sämtliche Medikamente abgesetzt wurden. Im Lauf des nächsten Tages erwachte ich mit furchtbaren Halluzinationen, während lediglich ein Theaterstudent den Wachdienst an meinem Bett versah.

Noch bevor ich in das Delirium geriet, hatte ich furchtbare Angstzustände aufgrund der Vermutung, ich könnte falsch behandelt werden. Ich kann mich daran erinnern, lautstark um Hilfe geschrien zu haben, weiß aber nicht mehr, ob jemand zu mir kam. Meine Kolleginnen R. und A. haben mir später bestätigt, daß sie meine Hilfeschreie gehört und zu mir gekommen seien, ich dies aber nicht mehr wahrgenommen habe.

Nach dieser Schlaftherapie, die mir nach meinem Empfinden das Genick gebrochen hat, schlich ich lange Zeit speicheltropfend und mit geknickten Knien durch die Klinik, ein grausiger Anblick für die Patienten und sehr entwürdigend für mich. Ich war nicht mehr in der Lage, mich gegen irgendeine Behandlung zu wehren oder über mich selbst zu reden. Ich half auf meine von da an sehr angepaßte Weise in der Klinik mit, aber meine Versagensängste, mit denen ich in die Klinik aufgenommen worden war, sind durch diese Form der Therapie nur noch vertieft worden, und ich habe noch heute, nach drei Jahren, Schwierigkeiten mit entsprechenden seelischen Zuständen.

Nach meiner Klinikentlassung habe ich mich fachlich informiert und weiß von daher, daß mich Chefarzt und Chefkonsiliarius der Klinik in große Gefahr gebracht haben. Am Ende der Begründung möchte ich noch einmal darauf hinweisen, daß ich damals leider nicht in der Lage war, mich gegen die getroffenen Maßnahmen zu stellen, es wurden auch keine Ärzte von außerhalb hinzugezogen. Weiterhin handelte Dr. Sch. auch gegen die Konzession der Klinik, nach der er mich nicht als Notaufnahme hätte aufnehmen dürfen, vor allem wenn er – wie er es in der Großgruppe tat – mich für hochsuizidal hielt. Insbesondere hat sich Dr. Sch. strafbar gemacht, weil er mich, obwohl er mich in einem Alkoholdelirium vermutete, nicht in eine entsprechende Klinik verlegt hat, da die Klinik Menterschwaige für solche Notfälle in keiner Weise ausgerüstet ist.

(Vgl. dazu III, 9.)

12. Weiterleben danach

Während ich an meinem Bericht schreibe, kommen ganz unmerklich Gefühle in mir hoch, die ich bisher nie wahrnehmen konnte, obwohl sie ständig da waren: die Identifikation mit Ammon, also das zu tun, was er tat. Frau Bass hat mir theoretisch schon früher erklärt, ich sei völlig mit Ammon identifiziert gewesen – nun muß ich erleben und erleiden, daß es wahr ist, und mir graut davor! Gestern abend ertappe ich mich dabei, wie ich spontan den Strafantrag gegen Ammon und Sch. in die Hosentasche stecke und denke, ich sollte mich eigentlich mit dem Strafantrag in der Tasche an einem Baum gegenüber der Klinik erhängen. Dann sähe die Staatsanwaltschaft, wie Ammon und seine Bande von Helfershelfern wirklich sind!

Würde ich mich tatsächlich umbringen, dann würde sich das alte Spiel aus Verletztheit und verzweifeltem Wehren nur fortsetzen. Beim weiteren Nachdenken merke ich, daß ich mich immer wieder in der Art, wie es Ammon tut, gegen Menschen stelle, an denen mich etwas stört – sogar gegen meine besten Freunde. Und ich rede mit anderen Freunden über den, der mich verletzt hat, und zwar so, daß sie sich ebenfalls gegen ihn wenden müssen. Dieser Teufelskreis aus Verletztwerden und Verletzen geht immer weiter; ich spreche auch zu ausschließlich mit ehemaligen DAP-Leuten, die dasselbe Verhalten praktizieren. Wenn ich da nur endlich herauskäme! Gut, daß ich wenigstens etwas davon merke. Ich kann es mir nicht mehr leisten, weitere Freunde zu verlieren. Ich muß mit ihnen darüber sprechen, wir dürfen uns nicht weiter in dieser Art dabei unterstützen, Angst und Haß weiterzutragen. Ich will nicht mehr nur Aggressionen ausleben, ich will ein Mensch sein, der menschlich reagiert, der die Fehler anderer nicht gegen sie kehrt, sondern sie mit ihren Fehlern akzeptiert. Oft urteile ich ungeheuer hart, ich treffe den anderen, und was bleibt ihm dann anderes übrig, als sich seiner Haut zu wehren! Da habe ich das Spiel, das in der Klinik gespielt wurde, noch voll drauf.

Und auch in anderer Hinsicht stecke ich noch mitten in der

Misere. Ich hatte ja einen Sohn, der seine Mutter brauchte, aber den hielt man in der DAP mit allen Mitteln von mir fern. Zeit für ihn hätte ich sowieso kaum gehabt, und man sagte mir ständig, im psychoanalytischen Kindergarten sei er gut aufgehoben. Aber das stimmte nicht, er fühlte sich verlassen, verlassen wie wir alle. Wenn er mich in der Klinik Menterschwaige besuchte, bekam er die Wut und Eifersucht der Patienten und Mitarbeiter zu spüren, die eigentlich mir galt. Er war der Sündenbock für mich, aber ich durchschaute die Zusammenhänge nicht. Inzwischen habe ich keinen Kontakt mehr zu ihm, seine Wut hat sich mit vollem Recht gegen mich gewandt. Das Leid, das in der DAP erzeugt wurde, breitet sich wie die Wellen in einem Teich nach allen Seiten aus. Ich weiß nicht, wie lange es dauern wird, bis ich von mir sagen kann: Nun habe ich mir ein neues Leben aufgebaut!

Ich schäme mich oft, so blind gewesen zu sein. Es gibt auch keine wirkliche Entschuldigung dafür, denn ich war in der Klinik als Mensch unter Menschen und habe mich oft unmenschlich verhalten. Ich will mich nicht mit einem Aufseher der SS in einem Lager vergleichen – der Vergleich hinkt, weil ich nicht vernichten, sondern heilen wollte. Die Faschisten wußten um die Vernichtung von Menschenleben, ich wußte lange Zeit nichts davon. Trotzdem bleibt bei vielen der NS-Verbrecher jedes Schuldgefühl und jede Scham aus, zumindest ist äußerlich nichts davon zu erkennen. Vielleicht ist es unmöglich, sich solchen Untaten ehrlich zu stellen. Es macht mich betroffen, wenn ich bedenke, daß ich nach zehn Jahren in der DAP derart verzweifelt mit mir kämpfen muß, um mich selbst wieder zu vermenschlichen. Was sollen diejenigen tun, die wahllos vernichtet haben und die damit weiterleben? Spüren wir diese Unfähigkeit, sich der Realität des Bösen und der Gefährdung des Menschlichen bewußt zu werden, in unserem Land nicht ständig als einen kaum faßbaren Hintergrund des Lebens? Warum war ich, warum waren viele so leicht verführbar? Spielten da nicht Dinge mit, die ich aus meiner Umwelt aufnahm und die mir kaum bewußt sind? Früher hat mich jede Ungerechtigkeit dazu gebracht, erbittert um mein Recht zu kämpfen. Es ging dabei leider oft schlecht für mich aus. Jetzt habe ich mich

selbst am Unrecht beteiligt und habe – Gott sei Dank – auch dabei letztlich schlecht abgeschnitten.
Ich glaube, ich war mir selbst gegenüber immer zu kritisch – könnte ich mich wirklich leiden, könnte man mich nicht mehr verführen. Ich glaube, daß ich mich an mir selbst freuen könnte; ich mag Spaß um mich herum, ich habe meine Fähigkeiten, und ich kann freundlich mit Menschen umgehen. Aber mir fehlt es noch an innerer Sicherheit. Viel zu schnell gebe ich mich selbst auf, finde mich unmöglich und bin dann erstaunt, wenn andere zu mir halten. Ich brauche Menschen, die zu mir freundlich sind und mich dabei ermutigen, sanft mit mir selbst und anderen umzugehen. Ich halte die Umgangsform miteinander, so wie sie in der Klinik war, nicht mehr aus. Feindschaft, Feindschaft und nochmals Feindschaft – so geht es einfach nicht mehr!
Außerdem plagt mich zur Zeit häufig ein innerer Schmerz, von dem ich erst seit kurzem weiß, woher er kommt. Wenn Freunde bei mir sind und mir Mut machen, spüre ich nichts davon. Aber wenn jemand weggeht, der mich besucht hat, wenn ich allein bin, dann spüre ich den Schmerz in mir. Ich wollte mir diese einfachen Zusammenhänge lange nicht eingestehen, weil ich mir dabei so kindlich abhängig vorkomme. Aber es ist wahr: Ich sehne mich nach Fürsorge, und ich hatte schon immer Angst davor, alleine zu sein oder verlassen zu werden. Dadurch konnte man mich so leicht dazu bringen, Tag und Nacht in der Klinik zu arbeiten. Dort war ich ständig unter Menschen. Jetzt, wenn ich allein bin, sind die inneren Qualen fast unerträglich, wie ein Riß mitten durch die Seele. Ich bringe diese Angst wie vieles andere aus meiner Jugend mit: Damals hieß Alleinsein immer auch ausgestoßen, geächtet sein. Wir lebten in der Familie dicht aufeinander, und allein war ich nur, wenn ich wieder einmal verprügelt und ins Bett geworfen worden war. Dort konnte ich schreien, niemand kümmerte sich darum.
Die seelischen Wunden der Kindheit würden mich heute nicht derart verfolgen, wenn mir durch Ammon nicht jeder seelische Schutz zerfetzt worden wäre. Ich wußte ja um diese Wunden, sie waren auch schon vernarbt, aber Ammon hat die Wunden Stück

um Stück erneut aufgerissen. Ich bin nicht verzweifelt, ich weiß, ich werde den Schmerz überstehen. Ich habe viele verständnisvolle Menschen um mich herum, ich fühle mich ihnen nahe, und ich bin in der Lage, mich bei ihnen zu entschuldigen, wenn ich ihnen Schmerz zufüge. Ich habe aufgehört, die Menschen zu meiden, und was noch viel besser ist: Ich habe aufgehört, meine Beziehungen ständig zu überprüfen, ob sie wohl psychologisch passend sind und nicht falsch laufen. Schließlich weiß ich ja, was ich will, und brauche ich jemanden, so kann ich ihn anrufen. Plötzlich kann ich von selbst auf Menschen zugehen und mit ihnen zusammen Dinge unternehmen. Heute habe ich endlich einmal richtig gut geschlafen, das war sehr erholsam. Auch beim dem Flötenspielen hatte ich viel Freude – wenn nur dieser seelische Schmerz nicht immer wieder käme! Ich fände es gut, wenn ich wieder eine Arbeit hätte, ich fühle mich allmählich dazu imstande. Es gibt Stellenangebote, aber ich muß mir in Ruhe überlegen, was ich will. Daß ich in meinem Alter auch beruflich nochmals von vorne anfangen muß, nehme ich Ammon sehr übel. Wie froh bin ich, daß ich Menschen treffe, die mich verstehen und unterstützen!

Es sind einige Monate vergangen, seitdem ich meinen Bericht abgeschlossen habe. Inzwischen habe ich mich dafür entschieden, als Krankenschwester in den Entwicklungsdienst zu gehen; ein Angebot für eine ebenso anspruchsvolle wie interessante Stelle in Indien liegt mir vor. Ich bin mitten in der Ausbildung, lerne die einheimische Sprache und mache mich mit der fremden Kultur vertraut, soweit dies von hier aus gelingt. Ammon und die DAP sind, Gott sei Dank, in weite Ferne gerückt.

Das Schreiben war für mich lebensnotwendig, aus dem jetzigen Abstand heraus kann ich sagen, ich habe mich gesund geschrieben. Ich habe viel über mich selbst gelernt, vor allem aus dem Nachdenken über die Gründe, warum Ammon mich überhaupt in seinen Bannkreis ziehen konnte. Er nutzte die Schwächen aus, die ich erst im nachhinein wirklich erkannt habe.

Sicherlich wurde ich zuerst durch die Therapie abhängig, die Bindung an den Therapeuten bewirkt immer ein Stück Unselb-

ständigkeit. Aber dabei blieb es ja nicht: Als ich Einblick in die Abläufe in der DAP bekam, als ich Mitarbeiterin wurde, da fehlte es mir an Zivilcourage. Als Oberschwester genoß ich meine fälschlich hochgespielte Überlegenheit über die akademischen Mitarbeiter. Da ich nicht ihren Rang hatte, war ich eifersüchtig und ließ mich gerne gegen sie ausspielen. Ich erkenne jetzt auch, wie immer ein Schritt in die falsche Richtung den nächsten nach sich zog. Es begann, als während meiner Zeit als Oberschwester die Ärztin, die mir am liebsten war, vom damaligen Institutsleiter auf unverschämte Art konfrontiert wurde. Damals hielt ich den Mund und trat ihr nicht zur Seite, obwohl ich die Stellung dazu gehabt hätte. Ich verriet sie, und mit dieser Schuld im Herzen ging es danach leichter, ich ließ andere Mitarbeiter fallen und merkte es gar nicht mehr. Noch heute schäme ich mich dafür, denn gerade diese Ärztin hat mir später ihrerseits geholfen. Erst durch das Schreiben wurde mir klar, was überhaupt damals vor sich ging.
Ich gab meine Kritikfähigkeit an der Tür zum Mitarbeiterraum ab, machte mir Ammons Therapiekonzept kritiklos zu eigen und nahm nicht mehr wahr, daß Patienten sich umbrachten, daß Psychotiker nicht geheilt wurden und die humane Behandlung der Patienten durch Unmenschlichkeit erzwungen wurde. Es gab ja keine Behandlungsstudien, die hätten belegen können, welche Effektivität unsere Arbeit letztlich hatte. Wir tasteten blind in den Seelen herum, verletzten und wurden verletzt und nannten es Therapie. Und wir bekamen viel Geld für unsere Arbeit. Auch darum hatte ich wohl wenig Lust, für ein geringeres Gehalt in einer anderen Klinik eine langweiligere Arbeit zu machen. Alles zusammen war ein blinder Fleck. Ich schaute lieber nicht so genau hin, dann brauchte ich nicht nachzudenken und die Kündigung, mit der ich drohte, ernsthaft zu erwägen.
Lange Zeit konnte ich meinen Anteil an dem Unrecht nicht wahrnehmen. Ich glaubte, ich hätte immer zum Wohl der anderen gehandelt, auch wenn ich die Menschen sehr verletzte. Dabei war ich leicht verführbar, wenn man mir nur die richtige Position anbot. Hatte ich diese Position, achtete ich nicht mehr darauf, ob mich die Patienten und Mitarbeiter mochten, dann ging es vor

allem darum, meine Ideen durchzusetzen. Die Zeit als Oberschwester war eine Zeit der Größenphantasien, in der ich meinte, alles aushalten zu können und Menschen und Gott gegenüber autark zu sein. Ich mußte zwar sehr viel einstecken, aber ich traute und mutete mir alles zu, bis es nicht mehr ging. Diese Entwicklung wurde nur möglich, weil ich mit meinem Selbstmordversuch, der mich zur DAP-Patientin machte, aufhörte zu glauben. Vorher hatte mir der christliche Glaube viel bedeutet, nachher nichts mehr – und mittlerweile sieht es für mich so aus, als sei mir damit doch ein Stück Selbstmord gelungen. Von da an hatte ich kein sicheres Gefühl für Verantwortung und keinen seelischen Halt mehr. Ich habe zwar weiter sehr engagiert gearbeitet, und dabei war vieles Gute, aber diese Dinge kamen aus seelischen Bereichen, die ich nicht mehr wahrnehmen konnte. Ich erinnere mich zum Beispiel an den Tod einer alten Frau in der Klinik, die im bewußten Glauben starb und bei der ganzen Patientengruppe einen nachhaltigen Eindruck hinterließ. Ich gestaltete die Beerdigung in ihrem Sinn, es war mir ein Bedürfnis, dies zu tun. So gab es immer wieder Lichtblicke, aber eine eigene Position fand ich nicht mehr, ich blieb fixiert auf die »Psychodynamik«.
Jetzt kann ich mich mit einiger Gelassenheit als einen in mancher Hinsicht schwierigen Menschen betrachten, der auf sich achtgeben muß, damit er mit sich und seinen Mitmenschen zurechtkommt. Ich kann inzwischen Forderungen an andere Menschen stellen, aber ich kann auch ihre Kritik hören und anwenden. Der Glaube an Jesus Christus, den ich wiedergewonnen habe, macht dabei den größten Unterschied zu der Zeit im Bannkreis der Dynamischen Psychiatrie aus. Im nachhinein verstehe ich auch meinen Bericht als eine Art Glaubensauseinandersetzung, als ein Fragen nach Gut und Böse und nach dem, was mein Leben wirklich ausmacht. Ich hatte zwar nicht an meinem Glauben festgehalten, aber Gott hatte an mir festgehalten, auch in der Niederlage, im endgültigen Zusammenbruch. So absurd es klingen mag: Der Leidensweg aus der Dynamischen Psychiatrie heraus war ein Geschenk an mich, denn ohne diesen Weg wäre ich in vielen alten Gewohnheiten hängengeblieben. Ich konnte zwar

nicht allein aus meinem Innern heraus, durch Bewährung und Reifung, Einsicht gewinnen – aber auf diesem ganz anderen Weg wurde mir das alles geschenkt. Und ich habe keine Scheu, dies Gnade zu nennen. Ich bin froh, daß ich nicht aus Stahl war, daß ich irgendwann unter der Überlastung zusammenbrach und den schrecklichen Angriffen Ammons nicht mehr gewachsen war. Vielleicht würde ich sonst immer noch ungeniert in fremden Seelen wühlen, in Seelen, über die niemand verfügen kann und die viel zu wertvoll sind, um willkürlich oder gar unqualifiziert mit ihnen umzugehen. Inzwischen habe ich, weil ich selbst den Zusammenbruch erlebte, mehreren anderen Menschen ein Stück weit dabei helfen können, ihrerseits den Weg aus der DAP heraus zu finden.

Allerdings war der Weg des Schreibens und Nachdenkens ein Leidensweg: Ich konnte und mußte über vieles weinen, was bisher verborgen gewesen war. Ich stellte mich der Tatsache, daß ich vielen Menschen großen Schmerz zufügte und daß ich zwar manches Gute bewirkte, aber daß dies dem Negativen gegenüber nur kurzen Bestand hatte. Der Weg war hart, aber ich weiß nicht, ob ich überhaupt noch in der Lage gewesen wäre, eine sanftere und leisere Botschaft zu hören. In meiner Zeit als Patientin in der Menterschwaige lernte ich endgültig, was Leiden bedeutet. Damit begann der Weg heraus aus der Verblendung: Ich wünsche niemand ein solches Leid, auch denen nicht, die es mir damals zugefügt haben. Aber es bleiben schmerzliche Fragen.

Wie viele andere Mitarbeiter sind imstande, die Verstrickung in die Dynamische Psychiatrie wirklich zu lösen? Viele sind aus der DAP weggegangen, viele wurden entlassen – aber haben sie sich von den sinnlosen und überheblichen Therapieideen Ammons wirklich getrennt? Ich fürchte, daß viel zu viele dieser Leute weiter in den Seelen abhängiger Patienten herumstochern, sie indoktrinieren und bei sich festhalten, wie sie es von Ammon gelernt haben. Wenn die Patienten ihre Eigenverantwortung doch nicht an der Tür der Praxis oder der Klinik abgeben würden, die sie mit ihren Problemen betreten! Die eigene Seele ist zu kostbar, um sie einfach einem anderen zu überlassen.

III Kommentare eines ehemaligen DAP-Mitglieds

1. Die DAP benutzt das Zeichen des Labyrinths als ihr Symbol. Seine Bedeutung wurde (oft genug auch von mir selbst) so erklärt: »Das Labyrinth ist ein Jahrtausende altes Symbol. Theseus, der griechische Held, bezwang Minotaurus, das Ungeheuer, das Böse, indem er sich an Hand des Liebesfadens seiner Geliebten, der Ariadne, in das Zentrum des Schrecklichen begab, hinein in das Labyrinth, wo das Ungeheuer hauste, und von wo bisher niemand wieder hinausgelangt war... Der Liebesfaden der Ariadne, den er von ihrem Knäuel abwickelte, war ihm Wegweiser zurück in die Welt des Guten. Die Göttin der Liebe, Aphrodite, hatte ihm geholfen. Er bezwang das Böse, setzte ihm eine Ende und führte die Geretteten wieder hinaus...

Das Zentrum des Labyrinths symbolisiert den Ort, wo sich Menschen in unserer Gesellschaft aufhalten, die in Gefahr leben, die sich in Isolation und Abgeschiedenheit befinden. Das Rot auf diesem Zeichen ist die Farbe der Liebe, auch die des Kampfes *für* die Menschlichkeit und *gegen* die Unmenschlichkeit, das Blau die der Treue zum Menschen... Vorrangig sind es seelisch Kranke, die sich in unserem gesellschaftlichen Labyrinth befinden, vor allem die, die bislang von allen Möglichkeiten der Therapie abgeschnitten waren, die sogenannten ›Schizophrenen‹ oder auch ›Manisch-Depressiven‹. Aber Sie können viele andere Menschen an diesen Schreckensort der Hilflosigkeit und Einsamkeit setzen: mißhandelte oder verwahrloste Kinder, die nicht zum Recht ihrer eigenen Entfaltung gelangen können und oft als die Schwächsten und Wehrlosesten die Sündenböcke sind, alte Menschen, die in Heime abgeschoben werden, weil sie im Sinne unserer Gesellschaft nicht mehr funktionieren, psychosomatisch Erkrankte, bei denen die seelischen Ursachen ihres Leidens nicht gesehen werden, und viele, viele andere!

Unsere Aufgabe ist es, zu diesen Menschen in ihr Labyrinth der Einsamkeit, Krankheit und Hilflosigkeit hindurchzudringen und die Unmenschlichkeit ihrer Situation zu bekämpfen. Wesentlich dabei ist jedoch, mit ihnen zusammen aus der Mitte des Labyrinths, in der Hand den ›Faden der Liebe‹, wieder in die Gesellschaft zurückzugelangen, in die Familien, die Freundschaften, die Berufe, in ein Leben aus *eigenem Recht.*«

2. Die Mißstände der Psychiatrie machten die Werbung für die DAP einfach: »So viele Menschen sind heute von seelischem Leiden betroffen. Vielleicht haben Sie kürzlich den Fernsehfilm über unsere Klinik gesehen: ›Jeder Dritte ist betroffen.‹ Tatsächlich kommt – laut der Enquete vom ... – jeder Dritte in unserem Lande irgendwann in Kontakt mit einer ambulanten oder stationären psychotherapeutischen Behandlung. Die Freunde und Verwandten schweigen sich zu gutem Grunde darüber aus – wegen der gesellschaftlichen Ächtung. Die meisten dieser Kranken erhalten lediglich eine medikamentöse Behandlung – oder werden zum Teil unter entwürdigenden Umständen dort untergebracht, festgebunden, mit sinnlosen Arbeiten beschäftigt, zum Beispiel einen Erdhaufen von einer Stelle zur anderen umzuschaufeln etc. – und das nennt sich dann Heilung! Sie erhalten meist keine Gelegenheit, sich während ihrer sogenannten ›Therapie‹ Gedanken darüber zu machen, warum sie krank wurden und wie es ihnen besser gehen könnte, wie sie sich von ihrer Krankheit befreien könnten. Sie kehren oft immer wieder in die psychiatrische Klinik zurück. Das ist das, was man ›Drehtür-Psychiatrie‹ nennt. Und falls sie überhaupt jemals wieder aus diesem schrecklichen Teufelskreis herauskommen, führen sie letztlich meist ein freudloses Dasein am Rande dieser Gesellschaft.
Unsere Klinik hingegen versteht und realisiert etwas anderes. Menschen mit schweren seelischen Leiden werden hier *nicht* festgebunden, sie werden *nicht* mit medikamentösen ›Keulen‹ behandelt. Sie erhalten keine Elektroschocks. Sie erleben hier endlich etwas vollständig anderes. An die Stelle von Medikamenten und Zwangsjacken treten hier die Beziehungen zwischen

Menschen: menschliche, warme, echte Gefühle. Das ist das Netz, das sie hält, nicht die Chemie! Statt Medikamenten wirkt hier die Liebe. Hier sind sie zum ersten Mal seit oft vielen Jahren *nicht* Menschen ›zweiter Wahl‹, hier werden sie *ernstgenommen*. Darum kann sich ihr Leben in einer solchen Atmosphäre von Grund auf so verändern, daß sie nicht mehr wie Sklaven von ihrer Krankheit und den Tabletten abhängig sind. Hier können sie den bisherigen Stempel der Nosologie aus der herkömmlichen Psychiatrie wieder loswerden. Denn was heißt die Diagnose, schizophren zu sein? Es bedeutet, daß sie für immer Opfer der herkömmlichen psychiatrischen ›Behandlung‹ bleiben werden, daß dieser Stempel wie ein unsichtbares Zeichen auf ihrer Stirn – und ein sichtbares in ihren Papieren – ist. Es kommt einem sozialen Todesurteil gleich. Oft sind die Leiden, welche durch die Hospitalisierung und Vergiftung entstehen, noch viel größer geworden als die Wunden, auf Grund derer sie sich einst in Behandlung begeben hatten ...
In unserer dynamisch-psychiatrischen Klinik hingegen erfahren sie wieder, was Menschenwürde heißt, sie können lernen, wieder ein Mensch wie jeder andere auch in unserer Gesellschaft zu werden, zu lieben, zu lernen, zu arbeiten, und zwar nicht am Rande der Gesellschaft, sondern als vollintegriertes Mitglied.«

3. Die gesamte Institution um die DAP herum war straff hierarchisch-zentralistisch durchstrukturiert. Die wissenschaftlichen, therapeutischen, präventiven wie organisatorischen Arbeitsbereiche fanden fast ausschließlich in Gruppen ihren Rahmen. Das bedeutete: Jeder Mensch, der in irgendeiner Weise in der Institution involviert war, war Mitglied einer Gruppe oder mehrerer Gruppen. Ein Ausbildungskandidat und Mitarbeiter war natürlich in vielen verschiedenen Gruppen gleichzeitig. Jede Gruppe hatte in der Regel zwei Leiter, die wiederum selbst Mitglieder in einer hierarchisch höheren Gruppe waren. Die Leitung der höchsten Gruppe hatte der Präsident inne. Das galt gleichermaßen für die institutseigene Klinik, für die Kindergärten, deren Gesamtleitung in den Händen der Gemahlin des Präsidenten lag, für die thera-

peutischen ambulanten Gruppen, für die sogenannten »prophylaktischen« Gruppen (Balint-Gruppen, Selbsterfahrungsgruppen, ob im Institut oder in den zwei Tagungsstätten in Bayern und Süditalien), für die Ausbildungsseminare oder die organisatorischen Gruppen und für alle Institute und jede Arbeits- und Studiengruppe in verschiedenen Städten, die im Laufe der Zeit gegründet wurden.
Regelmäßig wöchentlich stattfindende und zur Teilnahme verpflichtende Treffen bzw. Sitzungen ermöglichten einen steten Kontroll- und Informationsfluß von den untersten Gruppen bis hinauf in die Spitze der Hierarchie, zum Präsidenten, bei dem letztlich alle Mitteilungen kulminierten. Die Verbindungen zu anderen Orten wurden durch Telefonate und häufige überregionale Treffen gewährleistet. Der Präsident wiederum erteilte jeweils umgehend auszuführende Direktiven oder Order. Die stete Rufbereitschaft der Mitarbeiter – auch nachts – galt nicht nur der Sorge um die ihnen anvertrauten Patienten. Zu den überregionalen Veranstaltungen gehörten u. a. die Klausurtagungen, die Sitzungen der diversen affiliierten Fachgesellschaften der Institution, Feste (Geburtstage des Präsidenten und seiner Gemahlin, Einweihungen, Jubiläen), dazu die Tagungswochenenden der einzelnen »Fachbereiche« (psychoanalytische Pädagogik, Gruppendynamik, Hochschulgruppen usw.).
Zwei dieser überregionalen Ereignisse nahmen eine besondere Rolle ein: zum einen die sogenannte »Pfingstklausurtagung«, die der Präsident alljährlich in Süditalien zu leiten pflegte. Die Mitarbeiter in dieser Leitergruppe wurden besonders ausgesucht, auf ihre Arbeit und Präsenz hin durchleuchtet und entsprechend konfrontiert. Die Leitung oder Co-Leitung galt hier als besondere Bewährungsprobe, richtungsweisend auch für den künftigen Werdegang des jeweiligen Mitarbeiters innerhalb der gesamten Bewegung. Das andere Ereignis war der internationale Kongreß, der die Theorie und Praxis der Schule nach außen hin repräsentieren sollte. Monate zuvor schon hatte ein eigenes überregionales Komitee die Organisation vorzubereiten (Verhandlungen über den Ort, Werbung etc. bis hin zu technischen Details, etwa die

Zusammenstellung einer Sicherheitsgruppe, der technischen Medien, der Presseinformationen, der Redaktion eines täglich während des Kongresses erscheinenden »Bulletins« usw.). Besuche des Präsidenten in aller Welt förderten die Internationalen Kontakte zu anderen Wissenschaftlern; wissenschaftliche Korrespondenz wurde in den Seminaren diskutiert. Jedes einzelne Referat der Mitarbeiter, jeder längere Vortrag, jedes wissenschaftliche Vorführmaterial wurde zuvor in internen, d. h. überregional stattfindenden Arbeitsgruppen durchdiskutiert, kritisiert, gegebenenfalls verworfen. Chairmen und die Leiter von Diskussionsgruppen übten ihre späteren Aufgaben teilweise in Rollenspielen ein. (Auf den Kongressen wurden *sämtliche* Teilnehmer in Diskussionsgruppen geteilt, die zweimal täglich stattfanden und eine Kontrolle über das Geschehen ermöglichten.) Der Höhepunkt der Kongresse war jeweils ein Tag in der institutseigenen Klinik, zu dem nur besondere Wissenschaftler und wenige Mitarbeiter eingeladen waren und bei dem die Klinikpatienten und -gruppen mit Ausstellungen, Theaterstücken oder tanztherapeutischen Vorstellungen die erfolgreiche therapeutische Arbeit der Bewegung im festlichen Rahmen demonstrierten.

Wollte der Präsident sich ein Bild über den Stand eines Ausbildungskandidaten machen, brauchte er sich nur an die Leitung des jeweiligen Instituts zu wenden, in dem dieser sich befand und dort wiederum an die Leiter der jeweiligen Seminare und Gruppen, in denen er Mitglied war, vor allem aber an seinen Lehranalytiker. Häufig befanden sich Mitarbeiter und Ausbildungskandidat zusätzlich in gruppendynamisch arbeitenden Gruppen (nach Anfängern, Vertretern des »Mittelbaus« und Leitern mit übergreifenden Aufgaben getrennt), die die Spannungen und Schwierigkeiten innerhalb der Institute durchleuchten und bearbeiten sollten. Die dem Präsidenten zugeleiteten Informationen über die Ausbildungskandidaten kamen oft bei den überregionalen Veranstaltungen öffentlich zur Sprache.

Eine Gruppe – so die Theorie – könne sich in ihren bewußten wie unbewußten Prozessen nur so langsam entwickeln wie ihr schwächstes Mitglied. Andererseits könne sie nur so weit gehen wie ihre Leitung. Stelle sich ein Leiter den Auseinandersetzungen um seine Person nicht, so bremse und verhindere er die Entwicklung in den Gruppen, für die er verantwortlich sei. Zum technischen Agens bei gruppendynamischen Prozessen wurde die sogenannte »Widerspiegelungstheorie« erklärt. Wenn ein Leiter in seiner Kontrollgruppe die Schwierigkeiten der von ihm zuvor geleiteten Gruppe schilderte, so wurden die emotionalen Reaktionen der Kontrollgruppenmitglieder als eindeutiger »Spiegel« der Vorgänge gewertet, gewissermaßen als Wiederholung des von ihm Geschilderten, nun jedoch in vivo in der Kontrollgruppe. Die Auseinandersetzungen, die dann erfolgten, seien – so die Theorie – von entscheidender Bedeutung für den gruppendynamischen Prozeß der Gruppe, in die er als Leiter – in der Regel – zurückkehren sollte. Stellte er sich jedoch der Auseinandersetzung in der Kontrollgruppe nicht, blieb er starr oder verständnislos, so konnte er unvermittelt durch einen anderen Mitarbeiter ersetzt werden. Das abrupte Absetzen eines Leiters bis hin zum Verlust seines Ausbildungsstatus und seiner Mitarbeiterschaft, sogar die Reduktion auf das reine Dasein als »Patient«, konnte jeden Mitarbeiter in dieser Hierarchie treffen, auch seit Jahren »gestandene« Psychoanalytiker oder Institutsleiter. Alle diese Maßnahmen wurden stets mit dem Wohl der Patienten oder der Gruppe begründet, da der Mensch im Mittelpunkt der Bewegung stehe, und die Loyalität zur Menschlichkeit solche Schritte erforderlich mache.

4. Ich erinnere mich an eine Sitzung im Privatpalais des Präsidenten: Der Teilnehmerkreis war kurzfristig nach Berlin zum »Mutterinstitut« geflogen, falls sich die Mitglieder nicht ohnehin in Berlin befanden. Das konnte häufig nach telefonischer Order des Präsidenten passieren. Es gehörte zum »straffen überregionalen Stil« des Managements. Es ging um eine junge Ärztin, einen warmen, mütterlich-herzlichen Menschen. Sie arbeitete als Angestellte in der Dynamisch-Psychiatrischen Klinik der DAP in München. Während der Institutsferien der meisten bundesrepublikanischen ambulanten Institute der Organisation waren zu ihr sehr viele Patienten und Patientinnen, die teilweise hochsuizidal

gewesen waren, z. T. auch wegen der mehrwöchigen Trennungen von ihren jeweiligen Therapeuten, kurzerhand in die Klinik eingewiesen worden. Es ging nicht um das Problem der Überbelegung. Das bestand ohnehin immer. Die Klinik sollte ihren »guten Ruf« behalten. Es war deshalb angeblich unmöglich, diese Patienten und Patientinnen in geschlossene psychiatrische Abteilungen der umliegenden bayerischen Krankenhäuser zu überweisen. Es galt jedoch ebenso als »unmenschlich«, diese Menschen in der Dynamisch-Psychiatrischen Klinik »einzusperren« und sie nie unbeaufsichtigt zu lassen. Da diese Ärztin in großer Sorge um das Leben der ihr nicht bekannten, neuen Klinikinsassen war, beschloß sie kurzerhand – mit Wissen der verantwortlichen Klinikleiterin, d. h. der »Chefärztin« –, für diese Notzeit innerhalb der Dynamisch-Psychiatrischen Klinik eine geschlossene Abteilung zum Schutze der ihr anvertrauten Menschen einzurichten. Sie wurde von einem Tag zum anderen per Flugzeug in das »Hauptquartier des Führers« beordert und mußte noch während der Sitzung ihre umgehende fristlose Kündigung unterschreiben, da sie dem Ruf der Institution extrem geschadet habe. Sie war verzweifelt. Sie stand mit ihren Kindern über Nacht praktisch auf der Straße. Meines Wissens hat sie keine arbeitsrechtlichen Schritte eingeleitet, da sie sich ja in psychoanalytischer Ausbildung in derselben Institution befand, die sie eben entlassen hatte. Während dieser Sitzung saß die eigentliche Klinikleiterin, d. h. die für diese Aktion Verantwortliche, schweigend dabei – wahrscheinlich aus Angst. Sie äußerte kein Wort darüber, daß sie von dieser Einrichtung gewußt hatte bzw. als Leiterin dies zugelassen hatte. Sie selbst mußte einige Zeit danach als Klinikleiterin der späteren, größeren Klinik umgehend ihren Platz einem anderen räumen; dasselbe passierte ihr sehr viel später als Leiterin des Ausbildungsinstitutes der Organisation in München.

Jeder psychotherapeutisch Arbeitende weiß um die Folgen einer abrupten Trennung eines Patienten von seinem Therapeuten. Den Patienten wurde in solchen Fällen häufig berichtet, ihr Therapeut bzw. ihre Therapeutin habe sie »im Stich gelassen«.

Innerhalb der therapeutischen wie »präventiven« Gruppen wurde hingegen das Problem der »Trennung« ungeheuer intensiv und langfristig bearbeitet, während das Verschwinden von Mitarbeitern oft schweigend übergangen wurde oder mit der oben angegebenen Begründung kommentiert wurde.

5. Was machen die Mitarbeiter, die entweder aus der Institution hinausgeworfen wurden oder sich selbst von ihr getrennt haben oder die der einen durch die andere Möglichkeit zuvorgekommen sind?
Manche arbeiten nach der äußerlichen und personalen Trennung vom Institutsleiter in derselben Manier weiter. Viele schließen sich in Gruppenpraxen zusammen, haben gemeinsame Kontrollgruppen und übernehmen – soweit möglich – verschiedene Formen therapeutischen wie prophylaktischen Arbeitens. Oder aber sie arbeiten nach denselben Methoden in anderen Institutionen weiter. Was haben sie auch sonst gelernt? Auffällig ist, daß die von ihnen durchgeführten Therapien unverhältnismäßig lange dauern, oft bis zu einem ganzen Jahrzehnt, und daß Trennungen aus den therapeutischen Beziehungen sehr erschwert werden. Für einen Außenstehenden erinnert diese Form der »Therapie« an einen Lebensersatz. Die meisten der ehemaligen Ammon-Mitarbeiter führen den Titel »Psychoanalytiker« auf den Praxisschildern und im Briefkopf unbeanstandet weiter, als seien sie dazu legitimiert. Dies trifft oft nicht zu, verwundert aber nicht weiter angesichts der schweigend geduldeten Grauzone in unserer Gesellschaft.
Andere wiederum schließen sich lose gesellschaftlich anerkannten psychoanalytischen Institutionen an, ohne aber weitere Ausbildungen zu absolvieren. Ihr Motto: »Wenn man die Ausbildungen vergleicht, ist der Qualitätsunterschied nicht allzu groß.« Und dann gibt es welche, die werden sehr ungnädig, wenn sie Angriffe auf die DAP hören: Das sei eine Nestbeschmutzung der ganzen Psychoanalyse! Sie verweisen auf unaufgearbeitete intrapsychische Konflikte auf seiten der Kritiker. Typische Äußerungen sind auch folgende: »Im Vergleich zu anderen psychotherapeutischen

Schulen sind Theorie und Praxis bei der DAP schlichtweg gut.« Oder: »Natürlich unterlasse ich diese zerstörerischen Konfrontationen und die Trennungen aus Partner- und Familienbeziehungen ... aber grundsätzlich arbeite ich so weiter.« Und: »Ich bin froh und dankbar darüber, was ich dort alles gelernt habe.« Manche versuchen sogar, ähnlich funktionierende Institutionen aufzubauen. Wenn ihnen das gelingt, verleugnen sie aber ihre DAP-Herkunft.

Zudem weiß ich von ehemaligen Ammon-Anhängern, daß sie die Zeit ihrer Mitarbeiterschaft mit Euphemisierungen bemänteln: »Ich bin zum rechten Zeitpunkt weggegangen, da war das noch keine Sekte.« Und: »Als ich dabeigewesen bin, war es nicht so schlimm.« Oder: »Wer noch nicht abgesprungen ist wie ich, der hat selbst schuld.« Es kommt auch vor, daß viele zunächst einen völlig anderen Beruf ergreifen, der nichts mit Psychotherapie zu tun hat. Da wird schlichtweg alles verdrängt, ohne die Vergangenheit bei Ammon aufzuarbeiten. »Mich interessiert nur noch, was jetzt ist«, sagen sie. Wut und Zorn prägen somit unweigerlich ihr weiteres Verhalten.

Andere wenden sich esoterischen Gruppen zu, im Trend der Zeit und parallel zur DAP. Sie erweitern ihre »Therapien« um Körperarbeit, östliche Meditationen, beschäftigen sich mit Findhorn, dem Medizinrad etc., oder sie ergänzen ihr therapeutisches Spektrum durch in kurzer Zeit erlernbare Methoden (Kurzzeittherapie, Transaktionsanalyse etc.). In ihren Reaktionen und Verhaltensweisen bleiben sie jedoch die alten, unverkennbaren Institutionsschüler von Ammon. Nur sehr wenige haben eine grundsätzlich neue therapeutische Ausbildung angefangen und bis zum Schluß absolviert. Erschreckend ist, daß etliche in der Zeit nach ihrer Trennung von Ammon lebensgefährliche oder sogar tödliche Unfälle erlitten, die von außen gesehen aber nichts mit Suizidversuchen gemein haben. Einige ehemalige Mitarbeiter haben auch lange Zeit nach ihrer Trennung von Ammon keine ihren Begabungen und Ausbildungen entsprechenden Stellen gefunden und sind teilweise immer noch in stationärer wie ambulanter Behandlung.

6. Zum ABC der Mitarbeiter und Ausbildungskandidaten zum Psychoanalytiker und Gruppenpsychotherapeuten in der DAP gehörte folgendes: die Einzel- und Gruppenlehranalyse, die Selbsterfahrung in Training-groups, Klausurtagungen, Balint-Gruppen, therapeutisches Arbeiten (auch mit milieutherapeutischen Gruppen), die Arbeit mit prophylaktischen Gruppen (Leitung von Balint-, Selbsterfahrungs-, Kindergarteneltern- oder Hochschulgruppen), die Seminare (als Teilnehmer oder Leiter), die gruppendynamischen und therapeutischen Kontrollgruppen, die Einzelkontrolle für die Einzelpatiententherapie, die gruppendynamischen Wochenenden in den Arbeits- und Studiengruppen in anderen Städten, die internen Arbeitsgruppen für die Kongresse der DAP, die Sitzungen der Fachgesellschaften, die Vortragsabende, die Klausurtagungen. Buchstabieren ließe sich das Ammon-ABC für Mitarbeiter auch so:

A – Arbeiten von früh bis spät oder von früh bis früh
– Angst aushalten (»sich die Angst zum Freund machen«)
– Anschreiben an öffentliche Institute und private Praxen
– Ausgestalten der Institutsräume (z. B. Renovierungsarbeiten als Teilnehmer oder als Leiter von »milieutherapeutischen Gruppen«, Vorbereiten der Räume für die »Große Sprechstunde«, wo Dutzende von Patienten zum ersten Mal gleichzeitig kommen, Herrichten der Kindergartenräume für den angekündigten Besuch des Gesundheitsamtes etc.)

B – Betteln (per Liste oder Sammelbüchse)
– Büroarbeiten
– Büchertisch bei Wochenenden etc. aufbauen und Bücher und Werbematerial verteilen bzw. verkaufen
– Büffet zum »Empfang« nach den Vorträgen für ca. 200 Personen herrichten
– Blumenarrangements für öffentliche Veranstaltungen besorgen lassen
– Besänftigen der Ehefrau und der Kinder, der Freunde und Verwandten wegen des permanenten Zeitmangels
– Beruflich als würdiger Repräsentant der DAP auftreten, zu Veranstaltungen einladen

– Buchläden wegen Bücherfenster mit Büchern der DAP kontaktieren

C – Charakter haben und zeigen
– Charmant sein
– Chamäleonhaftes Meiden (Gefahr der Einstufung in das »breite Spektrum des Borderline-Syndroms«)
– Chauffieren des Präsidenten

D – Druckerei aufsuchen (Werbematerial)
– Diskussionsgruppen während der Tagungen leiten
– Dokumentation zu Einzelbereichen der DAP anlegen und fortführen
– Dissertation über Theorie und Praxis der Bewegung beginnen – aber wann?
– Diskutieren, vorne, bei öffentlichen Disputen, als DAP-Repräsentant

E – Entwerfen neuer Eroberungsstrategien für Arbeits- und Studiengruppen in anderen Städten, von Werbetexten, Handzetteln, Kurzreferaten
– Ehrenämter (natürlich unbezahlt)
– Eilen, ohne eilig zu wirken
– Eintüten von Werbematerial

F – Fotodokumentation zur »Geschichte der Bewegung« verwalten
– Fotografieren und Filmen bei öffentlichen Veranstaltungen und in Sitzungen (wissenschaftliches Arbeitsmaterial)
– Fotokopieren von Pressematerial etc.
– Festlich-froh-Sein bei Festen

G – Geschenke für den Präsidenten und die Präsidentenfrau aussuchen, dafür Geld einsammeln
– Geld?? – Geldnot!! – (Kredit? Verwandte? Mehr Nachtschichten? Wo sich noch persönlich einschränken?)

H – Handbuch der Dynamischen Psychiatrie (mitschreiben, übertexten, Literaturlisten erstellen, kopieren, Druckfahnen lesen)

I – Informationsveranstaltungen in der Öffentlichkeit leiten oder unterstützen, z. B. in der »Bürgerinitiative für Günter

Ammon und sein Wirken für die Menschenrechte in der Psychiatrie«
– Informationsstände der Bürgerinitiative oder des Kindergartens in der Fußgängerzone vorbereiten und organisieren
– Informationsmaterial zusammenstellen und kopieren
– Identität haben und zeigen; immer, überall, im Stehen, Gehen, Sitzen
– Items für Ammon-Tests ausdenken:
– Ich-struktureller-Test nach Ammon
– Ist mir schlecht vor Müdigkeit!!

J – »Ja«-sagen, wenn Arbeit vergeben wird

K – Kontakte herstellen (zum Aufhängen der Plakate, Auslegen der Info-, Handblätter, der Bücher, für Einladungen zu den Veranstaltungen)
– Koordinieren der Helfer und Helferinnen bei Vorbereitungen zu diversen Veranstaltungen
– Kurzreferat vorbereiten und halten
– Kontenführung

L – Layout für Prospekte und interne »Bulletins« oder Flugblätter erstellen

M – »Motzern«, d. h. kritischen Außenstehenden, bei Diskussionen nach öffentlichen Veranstaltungen das »Richtige« wirksam am Mikrophon entgegenhalten
– Mediendienst organisieren (TV, Video, Photo etc.)
– Müdigkeit bis auf die Knochen

N – Nachtwachen in den Kliniken der Bewegung
– Nachts Telefon in Reichweite stellen – stete Rufbereitschaft wegen der Patienten
– Nächte durcharbeiten

O – Offenheit für jeden Menschen, für jedes Problem, für jeden konfrontatorischen Gedanken
– Öffentlichkeitsarbeit

P – Pressearbeit (Informationsmappen für Presse zusammenstellen, Termine der Veranstaltungen rechtzeitig an Zeitungen und Fachzeitschriften zusenden)
– Präsent sein

Q – Querulanten gekonnt zum Schweigen bringen, notfalls entfernen
R – Redaktionelle Arbeiten erledigen
– Rechenzentrum aufsuchen (Daten eingeben für Testentwicklung)
– Renovieren (auch im Privatdomizil des Präsidenten)
S – Säubern (Institutsräume etc.)
– Sessel beziehen
– Sekretärin suchen (und selbst bezahlen)
T – Texten
Ü – Übertexten
– Übersetzen
V – Vorträge halten, in diversen Städten, bei Kongressen etc.
– Vorbereitungen bei öffentlichen Vorträgen organisieren und durchführen (Listen der Besucher erstellen, Büchertisch, Stühle, technische Geräte, Blumen, Kasse etc.)
– Vertretung der Bewegung bei anderen Fachgesellschaften
– Vorwürfe der Familie (Du hast nie Zeit!) entkräften
– Verteidigung der Menschlichkeit und der wichtigen Aufgaben der Bewegung
– Vater sein . . .
W – Werbungsaktionen veranstalten
– Wissenschaftliche Beiträge über Themen der Bewegung in andere Institutionen einbringen (Dissertationen, Referate, Examensarbeiten, Vorträge, Diskussionen)
X und
Y – die großen Unbekannten in der Ungleichung
Z – Zusammenbrechen
– Zusammenklappen
– Zusammenfallen
– Zeit, Zeit, Zeit

7. Ich erinnere mich sehr gut an meine Gespräche mit kritischen Fragern, in denen ich folgendes sagte: »Ihre Freundin ist schon so viele Monate in unserer Klinik, obwohl sie doch – abgesehen von einer speziellen Krise – sonst recht gesund auf Sie wirkte. Natürlich kann ich nichts Genaueres zu Ihrer Freundin sagen, Sie

verstehen, alleine schon der Schweigepflicht wegen, selbst wenn ich sie kennen sollte ... Deshalb kann ich Ihnen dazu nur ganz allgemein etwas zu erklären versuchen. Viele Menschen funktionieren nach außen hin recht gut, sie gehen ihrer Arbeit mit mehr oder weniger Freude nach, sind pünktlich, ordentlich, freundlich, zuverlässig, ja, nicht nur im beruflichen, sondern auch im familiär-privaten Bereich zugänglich ... Und dann kommt irgendeine Krise, die Zeit vor dem Examen, die Trennung vom Freund, und alles bricht zusammen. In Verlaufe der ersten therapeutischen Gespräche stellt sich dann heraus, daß der Betroffene innerlich furchtbare seelische Qualen erleidet, die er sich nicht nach außen hat anmerken lassen, oder aber auch, daß diese Krise nur der Ausdruck einer tiefen seelischen Wunde war, die sich jetzt erst durch die besondere Situation der Krise zeigt, eine Wunde, die in der frühesten Kindheit entstanden ist. Vielleicht hat ein solcher Mensch sein Leben lang immer wieder, Jahre und Jahrzehnte, dieselben Kränkungen erlebt, sich sein Leben derart gestaltet, daß er – wie unter einem inneren Zwang – sie auch immer wieder erleben mußte. Ist es dann unverständlich, wenn die Zeit des Wieder-heil-Werdens dieser Wunde, die Zeit der Genesung, des Verstehens, des Wieder-gut-Machens dieses allzu vielen Leidens sehr lange dauern kann? Und ist es nicht besser, daß ein solcher Mensch *lange* in einer solchen Klinik lebt, um *nie* wieder in dieses schreckliche Leiden zurückzukehren? Wer hat das Recht festzustellen, wieviel Zeit ein Mensch braucht, um jahrelanges Leiden, das tief in seinem Unbewußten eingelassen ist, zu verarbeiten?
In unserer Klinik gilt, daß der Mensch nicht dazu da ist, um eine spezielle Therapieform im Verlauf seines Daseins zu bestätigen, sondern daß für jeden einzelnen seinen Bedürfnissen und seiner spezifischen Lebensgeschichte entsprechend eine individuelle Therapieform entwickelt wird, mit sehr langen Vorgesprächen, Tests, mit dem Angebot eines breiten Spektrums an verschiedenen therapeutischen Gruppen und Vorgehensweisen. Nicht das Wieder-funktionieren-Können ist das Ziel der Genesung, sondern die Entfaltung der individuellen Identität mit allen bewußten und unbewußten Anteilen der Persönlichkeit. Wir nennen dies alles

›Ich-Funktionen‹ und unterteilen sie in die primärphysiologischen (Gehen, Sehen, Fühlen etc.), in die unbewußten zentralen und in die eher bewußten, das heißt sekundären. Letztere sind zum Beispiel Sprechen, Phantasie, Denken, Wahrnehmen etc. Entscheidend für die meisten seelischen Krankheiten sind oft Defizite im Bereich der zentralen Ich-Funktionen, zum Beispiel der Aggression. Wir sprechen häufig vom ›Loch im Ich‹ im Bereich des Unbewußten, und häufig funktionieren gewisse sekundäre Anteile derart gut, daß erst eine Krise diese tiefen Löcher und Wunden plötzlich offenlegt, die bislang unter der Fassade eines an die Gesellschaft und deren Aufgaben recht gut angepaßten Menschen verborgen liegen. Diese Wunden können so früh entstanden sein, daß wir diese Krankheiten ›archaisch‹ nennen. Bedenken Sie die Ergebnisse von Untersuchungen, die etwa eine hohe Korrelation von peri- und postnatalen Schwierigkeiten bei der Geburt eines Kindes und der bewußten oder unbewußten Ablehnung seiner Mutter während der Schwangerschaft aufweisen, bis hin zur Früh- und Totgeburt.
In unserer Klinik hat ein solcher Mensch mit archaischen Ich-Krankheiten die große Chance, diese frühen, krankmachenden Situationen in seinem Leben im Schutzraum der Klinik wiederzuerleben, meist natürlich innerhalb seiner therapeutischen Gruppen, da jene frühen Situationen ja auch in ein interpersonelles Geschehen eingebettet waren. Aber mehr noch: Es kann dann in seinem Erleben und Fühlen etwas geschehen, was diese Wunden nicht nur zuheilen läßt, sondern ihm auch etwas anderes, Besseres, Neues bietet und in ihm wachsen läßt. Aber das braucht Zeit.«

8. Die Mitarbeiter, die aus der »Klinik« zurückkamen, waren anders geworden: Zart und zerbrechlich, vorsichtig, weich, dünnhäutig, wie fremde Wesen, die sich einen zaghaften Schritt nach dem nächsten auf noch unsicherem Boden bewegten. Dennoch: Wie klar und beinahe kindlich-naiv sie, heimgekehrt aus dieser so besonderen Stätte, der »Klinik«, in ihren ambulanten Gruppen zu den Menschen sprachen! Die innerhalb der Institution gewachsene Sprache, die sich in Jahren der Therapie und Praxis entwickelt

hatte, diese Sprache war ihnen also zur Muttersprache geworden. Sie konnten mitten in der Sitzung einfach aufstehen und jemandem den Arm um die Schulter legen, der es ihrem Gefühl nach brauchte. Die »Klinik«, so schien es durch ihre Erzählungen hindurch, war ihnen eine Stätte tiefster Erlebnisse geworden. Sie waren ein, zwei oder noch mehr Jahre dort gewesen. Die »Klinik« war ihnen eine zweite Heimat geworden. Sie hatten oft ihren Wohnsitz aufgelöst, ihre Berufsstellen aufgegeben, ihre Ausbildungen und Studien abgebrochen oder unterbrochen.
Alles mußten sie sich zurückerobern: Arbeit, Ausbildung, Wohnung, Lebensunterhalt, Freundschaften, familiäre Kontakte, falls diese nicht ohnehin unwiederherstellbar zerrüttet waren. Jeder Schritt war ungeheuerlich und ein Infragestellen der ganzen neuen Existenz, ihrer »Identität«. Großes Heimweh hatten sie und schutzbedürftig wirkten sie, trotz dieser Klarheit ihrer Gefühle. Wundert es, daß sie Alleinsein mit Einsamkeit gleichstellten, wo sie doch in der »Klinik« Tag und Nacht mit ihresgleichen auf engstem Raume alles geteilt hatten? Daß sie sich meist nur untereinander in Lebens- und Wohngemeinschaften zusammenschlossen, mit spürbaren Grenzen zu allen anderen? Daß das erste Stück, das die klinische Theatertherapiegruppe vor vollen Sälen öffentlich aufführte, das des »Kleinen Prinzen« von Antoine de Saint-Exupéry war? Eben jenes Stück von einem rätselhaften Kindwesen, das, von einem fremden Planeten kommend, einen abgestürzten Piloten mitten in seiner Wüste aufsucht?
Nicht nur ehrfürchtig wurden sie empfangen, sondern auch wie Wesen von einem anderen Stern betrachtet. Heimlich wirkte der Stachel der Eifersucht und der Sehnsucht. Die Leiter der jeweiligen ambulanten Gruppen, wir Mitarbeiter also, wünschten jedem von ihnen diese große Lebenschance, um derart tiefe Veränderungen erleben zu dürfen – und nicht nur ihnen, auch uns selbst.
Sie schienen diese tiefe Angst nicht zu kennen, die sich der anderen Mitarbeiter bemächtigen konnte, wenn der Präsident auftauchte. Sie übernahmen bereitwillig und spontan und zur besten Zufriedenheit des Präsidenten Verantwortungen, denen sich selbst »gestandene« Psychoanalytiker nicht gewachsen zeig-

ten, etwa die Leitung von gruppendynamischen Gruppen auf Klausurtagungen, wenn plötzlich der ursprüngliche Leiter aus Unfähigkeit ausscheiden mußte. Sie konnten die Nähe zum Präsidenten nicht nur aushalten, sondern schienen sie geradezu zu suchen. Sie waren wahrhaftig »im Kern erreicht«. Nachvollziehbar war es durchaus, daß sie zunächst nur innerhalb der Bewegung irgendwelchen, wie auch immer gearteten Tätigkeiten nachzugehen imstande waren: als Sekretärin, Sachbearbeiterin, Kindergartenhelferin, daß sie sogar bisweilen im Hause des Präsidenten wohnten.

Verständlich war es auch, daß sie oft ihrem vorigen Beruf nicht mehr nachgehen konnten oder wollten, auch wenn es ihnen bisweilen gelungen war, ihre Arbeits- und Ausbildungsplätze zu erhalten. (Hatten sie dort doch nur »funktioniert«!) Sie bevorzugten zunächst irgendwelche Arbeiten, die zwar unter ihren Befähigungen lagen, aber dem Gefühl der neuen »Identität« eher entsprachen.

Weiterhin wurde auch verständlich, daß sie nach und nach infolge der für sie so unendlich wichtig gewordenen Gruppen, die sie innerhalb der »Klinik« kannten, Gruppen in anderen Formen, ambulant in den jeweiligen Instituten, weiterbesuchten: die Tanztherapie, die Selbsterfahrungs-, Theater-, die Balint-Gruppen, die Klausurtagungen. Dabei steckten sie lieber ihre neuen Pläne, ihre neuen Berufsaussichten und -ziele zugunsten dieser Gruppen zurück und gingen irgendwelchen Jobs nach, um die Kosten für die Institutsgruppen aufbringen zu können.

Es kamen jedoch auch andere Reaktionen vor. Es gab den abrupten Abbruch aller Institutsbeziehungen, Haß und Zorn, was für Teilnehmer und Mitarbeiter in den Institutsgruppen dann kaum nachvollziehbar war. Wutausbrüche wurden damit erklärt, daß sich die Betreffenden der tiefgehenden klinischen Therapie entzogen hätten, bzw. daß die Widerstände beim Bearbeiten der destruktiven Aggression zu groß gewesen seien. Andere galten (im nachhinein) als »im Kern nicht erreicht« – eine institutsinterne Diagnose, die beinahe dem Urteil »therapieresistent« oder »unheilbar« gleichkam.

9. Nach der Aufnahme in die Klinik führte die Behandlung bei jedem Patienten in kurzer Zeit zu einer Regression. Sämtliche die Persönlichkeit formenden und stützenden Realitätsbezüge waren abgeschnitten, der Betreffende durfte die ersten vier Wochen weder das Haus verlassen noch Besuch empfangen. Besuche wurden auch später streng reglementiert. Der Patient bewegte sich ausschließlich und ständig in Gruppen. Dies führte zu einer Auflösung der Persönlichkeit und zum Verhalten und Erleben eines Kleinkindes. Während dieser Regressionsphase befand er sich in ständiger Konfrontation, da ja die »Widerstände« gegen die sogenannte Therapie aufgebrochen werden sollten. Im Extremfall mußte er sich einer »Schlaftherapie« unterziehen. Dies geschah zuerst nur bei engeren Mitarbeitern nach deren psychischem Zusammenbruch oder nach einem Versuch, gegen den Leiter zu protestieren, später auch bei anderen Patienten. Als ultima ratio wurde die Schlaftherapie manchmal bei einem Menschen – wiederum erfolglos – erneut versucht, besonders bei den sogenannten »Unerreichten«, das heißt bei den noch nicht genügend Abhängigen. In der Regel befanden sich diese Menschen dann vier Wochen lang unter dem Einfluß hoher Medikamentendosen im Dämmer- und Tiefschlaf. Sie wurden rund um die Uhr von Patienten, Mitarbeitern oder jobbenden Studenten ohne angemessene Ausbildung bewacht. Der Gang zur Toilette oder zum Bad konnte nur in Begleitung erfolgen. Es dauerte meist lange, ehe anschließend die körperlichen Funktionen wieder hergestellt waren. Der Zustand dieser Betroffenen war ein extrem hilf- und schutzloser, zum Teil unter Todesängsten, die aufgrund der hohen Medikamentation sogar ihre reale Berechtigung gehabt haben dürften. Inwieweit der gesamte Organismus auf Dauer durch die wochenlange Vergiftung mit hohen Medikamentendosen beeinträchtigt wurde, das bleibt eine offene Frage.
Theoretisch wurde diese Maßnahme so erklärt: Der Widerstand der Betroffenen sei derart groß, daß nur dadurch der Mensch »im Kern erreicht« werden könne und einzig dieser Schritt Vertrauen und Offenheit für die Therapie bewirke.

IV Hilfe für die Opfer

Die Psychologie der Konversion

Das menschliche Verhalten wird von ungemein komplizierten Vorgängen der inneren Informationsverarbeitung gelenkt, selbst wenn man es auf seine psychologischen Faktoren reduziert. Die Entstehung einer bestimmten Motivation, das Reifen einer Entscheidung, eine Veränderung an der Persönlichkeit beruhen auf Prozessen, die kaum im einzelnen nachvollziehbar sind. Die unzähligen, ebenfalls komplizierten Fälle und Zufälle der äußeren Situation sind dabei noch nicht einmal berücksichtigt. Diese Feststellung klingt trivial, aber sie wird sehr häufig mißachtet. Nirgends treffen die »schrecklichen Vereinfacher« der Wissenschaft auf einen größeren Bedarf für ihre Ware als in der Psychologie. Die Geschichte der DAP stellt ein einprägsames Beispiel für die suggestive Macht psychologischer Einfacherklärungen dar. Warum ist das so?

In der Psychologie geht es um das menschliche Fühlen, Handeln und Denken. Und wir alle interessieren uns für Erklärungen, warum wir selbst oder andere in einer bestimmten Weise empfinden, warum wir so und nicht anders handeln, warum wir das eine und nicht das andere denken. Noch mehr: Wir legen uns ständig solche Erklärungen zurecht, ob wir Psychologen sind oder nicht. Jeder Mensch tut das, selbst wenn er keiner wissenschaftlich geprägten Kultur angehört. Immerhin werden die Erklärungen benötigt, um auf ungewohnte Verhaltens- oder Denkweisen reagieren zu können oder um in einer Notlage helfend eingreifen zu können.

Auch der Bericht von Frau Lohmann zeigt, daß es ihr (unter anderem) um Erklärungen geht. Sie will verstehen, wie sie in die Abhängigkeit von Günter Ammon und seiner Lehre geraten konnte. Sie ringt mit der Frage, inwieweit es ihre besonderen Schwächen und Nöte waren, die sie zum Opfer und zur Mittäterin machten, und inwieweit das Dabeisein in der DAP eine eigene Macht entfaltete, um sie unabhängig von ihren Problemen in Richtung kritikloser Anhängerschaft zu drängen. Diese Fragen werden in der Fachliteratur meist unter dem Titel »Psychologie der Konversion« abgehandelt. Das Thema wurde in den siebziger Jahren brisant, als die Diskussion um die sogenannten »Jugendsekten« aufflammte. Ehemalige Scientologen (Anhänger Ron L. Hubbards), Ex-Mitglieder der Moonies (Vereinigungskirche des Neumessias Mun), der Hare Krishnas, von Ananda Marga (zwei neuhinduistische Extremgruppen) oder der »Kinder Gottes« (Anhänger des Propheten David Berg) versuchten, die Art und den Ablauf ihrer Verstrickungen nachträglich zu verstehen. Auch die Familien und die Freunde, von denen sich die Konvertierten plötzlich absetzten, die sich als »Teufelsdiener« verdammt oder als »trouble source« etikettiert wiederfanden, rangen um Erklärungen und natürlich auch um wissenschaftliche Entlastung von ihren Schuldgefühlen.

Aber ist die DAP mit solchen Gruppen wirklich vergleichbar? Immerhin war und ist Günter Ammon ein zugelassener Facharzt, der andere Ärzte und Psychologen offiziell psychotherapeutisch weiterbilden durfte.[17] Viele der früher von Ammon ausgebildeten Fachleute, die heute zum Teil in wichtigen Positionen des Gesundheitswesens sitzen, wollen nichts davon hören, daß die DAP eine »Sekte« genannt wird. Dieser Widerwille läßt sich begreifen: Schließlich dient es der Reputation eines Facharztes nicht, wenn er seine Ausbildung einem Außenseiter verdankt; auch dann nicht, wenn er sich inzwischen scharf von dessen Praktiken distanziert. An den Vorbehalten ist auch richtig, daß sich der Kultcharakter der DAP allmählich herausgebildet hat, er war 1969 nicht in gleicher Weise wahrnehmbar wie 1987. Aber ansonsten muß, Unbehagen hin oder her, anhand der vorliegenden Berichte festgestellt werden, daß Günter Ammon und die DAP die meisten Merkmale aufweisen, die extreme Kulte auszeichnen. Nach Robert J. Lifton sind dabei folgende Kennzeichen von besonderer Bedeutung[18]:

- Die Gruppe übt eine strenge »Milieukontrolle« aus. Es wird versucht, sämtliche Lebensumstände zu dirigieren und alle Kontakte außerhalb der Gruppe abzubrechen oder zumindest negativ zu interpretieren. Der einfachste Weg dazu führt über einen totalen Arbeitseinsatz für den Kult, der keine äußeren Verbindungen mehr zuläßt. Dadurch verläuft die Kommunikation des Anhängers mit der Außenwelt nur noch über die Gruppe und deren Ideologie.
- Die Gruppe verlangt vom Mitglied die »Selbstaufgabe«. Der Wille des Gurus oder Meisters und die Grundsätze der Gruppe haben absoluten Vorrang vor der Person des Mitglieds.
- Es erfolgt eine gezielte Indoktrination des Mitglieds, wobei die Lehre, die vermittelt wird, unabhängig von den sehr unterschiedlichen Inhalten vier gemeinsame Merkmale aufweist: Es handelt sich um eine »heilige Wissenschaft«, also um eine Lehre, die gleichzeitig einfach und praktikabel sein will, und an der doch nicht gezweifelt werden darf. Die Dogmen dieser Wissenschaft sind »personenbeherrschend«, das heißt, sie können durch Erfahrung und persönliche Anschauungen nicht in Frage gestellt werden. Vielmehr hat die Person sich der Dogmatik anzupassen. Weiterhin beruht die Lehre auf einer »Manipulation der Sprache«, das heißt, alltägliche Begriffe werden umgedeutet. »Helfen« oder »Gesundheit« bedeuten zum Beispiel im Kultjargon nicht das, was sie in der Umwelt bedeuten. Schließlich wird eine »absolute Kategorisierung« der Welt in Gut und Böse gelehrt. Es gibt keine Zwischentöne, sondern nur Schwarz und Weiß.
- Es kommt zu einer »Geschichtsverfälschung«. Das heißt, die Ereignisse in der Außenwelt werden gezielt umgedeutet und anders dargestellt, um die Sonderrolle des Kults zu begründen.
- Gegnern der Gruppe, im Extrem sogar allen Nichtmitgliedern, wird das eigentliche Menschsein und damit die Rechte eines Menschen abgesprochen. Dadurch entsteht eine gespaltene Ethik: Gegenüber Außenstehenden sind Lügen, Betrügereien und Manipulationen erlaubt, die den Mitanhängern gegenüber untersagt sind.

Wenn man die in Kapitel II und III wiedergegebenen Dokumente genau betrachtet, muß man feststellen, daß sich das Erscheinungsbild der DAP in gewissem Umfang mit diesen Merkmalen deckt. Die anderen, im Vorwort erwähnten publizierten Dokumente sowie die gerichtsbekannten Äußerungen ehemaliger Anhänger weisen in dieselbe Richtung. Die Übereinstimmung geht auf jeden Fall weit genug, daß die Behauptung gerechtfertigt ist, die DAP gehöre zu jenen »kleinen, isolierten gesellschaftlichen Gruppen«, für die Lifton anhand seiner Merkmale die allgemeine Bezeichnung »totalitärer Kult« vorschlug. Damit stellen sich für die ehemaligen Anhänger der DAP und für die Fachwelt dieselben Fragen, die durch die sogenannten Jugendsekten aufgeworfen wurden. Wie kann ein nachdenklicher, kritikfähiger Mensch in Abhängigkeit von einem totalitären Kult geraten? Welche Techniken benutzen die Kulte, um Mitglieder zu gewinnen? Welche Mittel sollen der Staat und die Angehörigen benutzen, um den Betroffenen zu helfen? Welche Mittel sind erlaubt, welche zu gefährlich, welche untersagt?

Verständlicherweise bleibt bei der Suche nach hilfreichen, entlastenden Antworten die tatsächliche Komplexität des Geschehens leicht auf der Strecke. Ein Beispiel für manche allzu einfachen Lösungen stellen diejenigen tiefenpsychologischen Erklärungen dar, bei denen angenommen wird, die unbewußte Bedürfnisstruktur des Konvertiten passe genau auf das Angebot einer bestimmten Gruppe. Danach würden die Moonies Menschen mit ödipaler Vaterproblematik an sich ziehen, die ihre unbewußten Konflikte durch die Bindung an den »Übervater« Mun zeitweise bewältigen können. Die Neo-Sanjassins von Bhagwan Shree Raijneesh wären auf der Suche nach Liebes- und Zuwendungssurrogaten für ihre narzißtischen Konflikte und so weiter. Alle diese Theorien treffen bis zu einem gewissen Grad zu, denn selbstverständlich stehen hinter dem Schritt, sich einer Sekte zuzuwenden, fast immer auch irgendwelche psychischen Probleme. Und diese Probleme haben oft – wenn auch nicht immer – mit den besonderen seelischen Schwächen des jeweiligen Menschen zu tun. Daher bietet es sich an, diese Schwächen als Erklärung für den Beitritt zu einem Kult heranzuziehen, der die seelischen Probleme zu verdrängen hilft. Solche psychodynamischen Erklärungen entlasten den Konvertiten teilweise von seiner Verantwortung, laden diese aber seiner Familie und besonders seinen Eltern auf, denn die unbewußten Probleme, die ihn in die Sekte trieben, stammen (so die Theorie) ja aus den Defiziten des Elternhauses. Es ist kein Wunder, daß gerade die betroffenen Eltern sich gegen so einseitige Schuldzuweisungen energisch zur Wehr setzen und dabei ihrerseits zu weit gehen: Sie sprechen der Persönlichkeit des Konvertiten jede Bedeutung ab und bevorzugen Theorien, die von unwiderstehlichen Manipulationen oder von »Gehirnwäsche« reden, die damit Konvertiten und Eltern entlasten und alle Verantwortung dem Kult und seinem Leiter zuschieben. Diese Theorien entstammen dem gegen die Tiefenpsychologie gerichteten wissenschaftlichen Lager, am bekanntesten wurde die sogenannte »snapping«-Theorie von Conway und Siegelman, die ich unten näher behandeln werde. Und selbstverständlich treffen auch solche Macht- und Manipulationstheorien teilweise zu. Die Gruppen benutzen Beeinflussungstechniken, die auf viele, wenn nicht auf alle Menschen in ähnlicher Weise wirken, ohne daß man dazu psychische Probleme besonderer Art haben müßte. Zum Beispiel beeinträchtigt es bei jedermann das klare Urteilsvermögen, wenn man mit zuviel Arbeit und zu wenig Schlaf überfordert wird. Jedermann wird leichter manipulierbar, wenn man die bisherigen menschlichen Beziehungen verhindert oder abwertet, niemand ist gegen ständige Indoktrination völlig immun. Trotzden reichen alle Theorien, die nur einen Aspekt des Geschehens betonen, nicht aus, um den Ablauf einer Konversion zu verstehen. In Wirklichkeit müssen in dem Prozeß der Konversion mehrere Phasen unterschieden werden, die nach verschiedenen Gesetzen ablaufen. Von der anfänglichen *Faszination* einer Gruppe, über das Entstehen einer festen *Bindung*, eines Zugehörigkeitsgefühls läuft der Prozeß weiter zur sogenannten *Akkulturation*, also zur Anpassung der Lebensweise an die Gruppennormen. Daran schließt sich eine Phase des *Verharrens* im Kult an, in der der Anhänger versucht, mit den vielfältigen körperlichen, seelischen und sozialen Belastungen sowie mit den Widersprüchen zwischen Utopie und Realität fertig zu werden. Schließlich endet die Phase der Bewältigungsversuche häufig mit einem Prozeß innerer und äußerer *Trennung* von der Gruppe, mit neuen Schmerzen, neuen Belastungen und neuen Kämpfen. Faszination und Bindung – Akkulturation – Verharren – Trennung: Überall wird von allzu eindimensionalen Theorien dasselbe psychologische Geschehen am Werk gesehen. Aus der Sicht mancher Tiefenpsychologen stammt die Faszination aus unbewußten Gefühlsdefiziten oder unbewußten Phantasien (»Endlich finde ich den wirklich guten Vater«). Die Bindung hält diese Bedürfnisse weiter im Unbewußten, der Beitritt wird als »Abwehr« gegen den inneren Konflikt verstanden. Die folgende Akkulturation wird durch dieselben unbewußten Gefühle und ihre Abwehr ermöglicht (»Ich gehöre zum guten Vater, ich darf ihn auf keinen Fall verlieren«). Schließlich hat auch das Verharren im Kult die gleichen unbewußten Motive (»Ich leide für den guten Vater«), und die Ablösung wird nur dann möglich, wenn die unbewußte Bedürfnisstruktur akut wird, wenn sie in offenes Leiden übergeht und wenn sie neu verarbeitet wird.[19]

Eine solche umfassende Erklärung strahlt eine hohe Plausibilität aus, aber der Bericht von Frau Lohmann zeigt, daß die Dinge komplizierter liegen. Die Erfahrung von Kindheit und Jugend hat sehr viel mit ihrem Schicksal zu tun, aber weder waren die Zusammenhänge alle unbewußt, noch paßte Ammon und seine DAP nahtlos auf die (bewußten oder unbewußten) Bedürfnisse der Anhängerin. Die Größenphantasien, der Wunsch nach einer absolut sinnerfüllten und bahnbrechenden Arbeit wurden in der DAP zwar genährt. Und daß der starke Wunsch nach äußerer Bestätigung etwas mit dem Schicksal zu tun hat, als Jugendliche ständig gedemütigt worden zu sein, erscheint mir offenkundig. Auf der anderen Seite paßte die Durchsetzungsfähigkeit und Kampfbereitschaft, die diese Frau auszeichnete, nicht gut zu dem DAP-Anspruch, sie habe sich völlig der Therapie zu öffnen und im Endeffekt kleinkindhaft abhängig zu werden. Das verletzende

Auftreten, mit dem Ammon diese Abhängigkeit erzwingen wollte, führte ganz folgerichtig zum vorübergehenden Bruch. Und da er ihre berufliche Tüchtigkeit benötigte, mußte er sich anderer Mittel bedienen, um seine nützliche Anhängerin vorsichtig wieder einzufangen. Mit großem Einfühlungsvermögen setzte er auf ihre Schwäche, den Wunsch nach Anerkennung und Geltung, und verzichtete vorerst auf die vollständige Abhängigkeit. Mit anderen Worten: Ammon nutzte die psychologische Schwäche dieser Frau sehr wohl aus, aber ebenso mußte er mit ihren psychologischen Stärken rechnen. Und ohne einige äußere Manipulationmaßnahmen wäre, so meint Frau Lohmann selbst, auch dies nicht gelungen. Hätte sie in der Phase, als es beinahe zum Bruch kam, noch Freunde außerhalb der DAP gehabt, wäre sie wohl endgültig gegangen. Also erhielt eine äußerliche »Standardmaßnahme« aller totalitären Kulte, der Abbruch früherer Beziehungen, letztlich ihre Abhängigkeit von der DAP.
Ähnlich komplex wie in diesem Fall läuft das psychologische Wechselspiel zwischen Anhänger und Kult auch sonst ab: Die anfängliche Faszination der DAP stammt aus anderen Quellen als die Motivation zur »Akkulturation« usw. Die persönlichen Berichte ehemaliger Kultanhänger zeigen in den meisten Fällen deutlich, wie konfliktreich die Konversion insgesamt verlief, wie diese oder jene Zweifel zu überwinden waren, wie Abneigung und Scham verdrängt werden mußten und wie Einwände beiseite geschoben wurden. Häufig hat man als Leser das Gefühl, der Akkulturationsprozeß stand auf des Messers Schneide, und ein zufälliger Umstand (oder ein Fehler des Gurus) hätte den Bruch bedeutet. Automatisch wirkende Bekehrungstechniken hat, sollte dieser Eindruck nicht massiv täuschen, kein totalitärer Kult zur Verfügung.[20]
Die Angehörigen, die von den inneren Konflikten nichts erfahren, haben häufig einen anderen Eindruck: Für sie verwandelt sich der Sohn oder die Tochter, der Freund oder die Freundin auf unerklärliche Weise. Sie erleben es, daß der Konvertit Gesprächen über seine geänderten Ansichten unzugänglich ist, daß er frühere Beziehungsformen radikal ablehnt, daß er sogar krankhaft (oder

scheinbar krankhaft) reagiert, indem Absenzen auftreten, indem massive Konzentrationsmängel entstehen, indem der Konvertit wie in »Trance« wirkt usw. Sie greifen verständlicherweise zu »technischen« Erklärungen dieser Veränderungen, vor allem zu psycho-technischen oder medizinischen Theorien. Dabei übersehen sie, daß gerade diese Verschlossenheit und die Unzugänglichkeit gegenüber der Kommunikation mit Angehörigen durch die inneren Konflikte verursacht wird, in die der Konvertit verstrickt ist. Es sind ja die früheren Gewohnheiten, die früheren Werte und früheren Bindungen, die mit der Faszination des Kults nicht zusammenpassen und Konflikte verursachen. Und die Angehörigen repräsentieren mehr als alles andere diese frühere Welt, die den Konvertiten innerlich bedrängt. Er versucht dieser extremen Spannung zu entkommen, indem er sich radikal abschirmt oder sogar in Geistesabwesenheit und eine Art Trance verfällt. In seiner neuen Umgebung oder in unbelasteten Situationen kann sich derselbe Mensch als sprachgewandt und tüchtig erweisen, der im Kreis der Angehörigen aufgrund der enormen seelischen Anspannung fast geisteskrank erscheint. Über dieses Thema wird später noch mehr zu sagen sein.

Es wird Aufgabe des folgenden Textes sein, alle eindimensionalen Erklärungen zu vermeiden und statt dessen den Versuch vorsichtigen Verstehens zu machen. Vorher muß aber betont werden, daß dieselbe Kritik, die an den tiefenpsychologischen Einfachdeutungen geübt werden muß, auch der Konkurrenz aus der empirischen Psychologie und Psychiatrie gilt. Die »snapping«-Theoretiker Conway und Siegelman[21] betrachten die anfängliche Faszination des Konvertiten zwar als Folge allgemein menschlicher Bedürfnisse, zum Beispiel des Bedürfnisses nach Geborgenheit, nach sinnvoller Arbeit usw. Sämtliche weiteren Schritte der »Sektenkarriere« werden jedoch anhand eines einzigen, einfachen Mechanismus erklärt: Der Konvertit wird akkulturiert (er paßt sein Leben und Handeln den Sektenregeln an), indem seine Fähigkeit zur normalen zentral-nervösen Informationsverarbeitung behindert wird. Und zwar wird der Umschwung in die gestörten Denkprozesse plötzlich bewirkt, daher der Begriff des

»snapping«, der so etwas wie »plötzlich umschlagen« oder »ruckartig brechen« bedeutet. Mit anderen Worten, die normalen Leistungen seines Gehirns, seines Denkens und Urteilens, werden durch die Techniken des Kults abrupt gestört, er gerät in einen anderen, desorientierten Bewußtseinszustand. Das englische Fachwort dafür lautet »information disease«, was man wörtlich mit »Informationskrankheit« und freier mit »Orientierungsverlust« übersetzen könnte. Und diese Informationskrankheit erklärt alles, was weiter geschieht: Der Konvertit bleibt trotz vieler Widrigkeiten in der Gruppe, weil deren Techniken die »information disease« ständig aufrechterhalten oder gar verschlimmern. Er kann überhaupt nicht mehr beurteilen, ob es ihm gut oder schlecht geht, weil sein Gehirn nicht mehr normal arbeitet. Die Trennung von der Gruppe kann nur erfolgen, indem deren Einfluß unterbunden wird, so daß der Ex-Sektierer seine normale Fähigkeit zur Informationsverarbeitung durch Übung und fachliche Hilfe wiedergewinnt. Man müsse sich diesen Vorgang ebenso vorstellen wie die langsame Kräftigung unterentwickelter Muskulatur – so meinen jedenfalls die Autoren.

Conway und Siegelman präsentieren eine Reihe von Belegen für ihre Theorie, die sich jedoch auch anders interpretieren lassen. Ein Beispiel soll hier genügen: Ihre Untersuchung ergab, daß die Aussteiger aus extremen Sekten nach der Trennung um so mehr seelische Probleme hatten, je stärker sie sich in ihrer Sektenzeit an typischen Ritualen beteiligten, und je mehr von ihrer Zeit sie im Sektenmilieu verbrachten. Schwerer belastet wären demnach die Aussteiger, die sehr viel meditierten (Bhagwan, Ananda Marga usw.), die sehr häufig am »Chanten« teilnahmen (rituelles Singen bei Hare Krishna) oder die, übertragen auf die DAP, sehr viel »Therapie machten« und häufig an gruppendynamischen Sitzungen teilnahmen. Wenn dieser Befund zutreffen sollte, beweist er jedoch nicht unbedingt, daß die Kulttechniken direkt die Abhängigkeit und die späteren Störungen verursachten. Er beweist lediglich den Zusammenhang von sektiererischem Eifer und späteren Problemen, daß also tiefer verwickelte Anhänger sich schwerer lösen können. Warum sie tiefer verwickelt wurden, aufgrund intensiverer Beeinflussung oder aufgrund besonderer persönlicher Schwächen, bleibt gerade offen. Zum Beispiel ist durchaus denkbar, daß die eifrigeren Anhänger sich von vornherein unter denjenigen Menschen befanden, die seelisch labiler waren, als sie in die extreme Gruppe gerieten. Mangelnder Eifer dürfte häufig auf robuste Selbstschutzmöglichkeiten und auf ein nicht ganz gebrochenes Selbstvertrauen zurückgehen.

Thomas Robbins hat trotz aller Polemik nicht unrecht, wenn er die »snapping«-Vorstellung als Rotkäppchen-Theorie karikiert: »Es war einmal eine treuergebene Tochter und pflichtbewußte Studentin: Rotkäppchen. Sie war gerade dabei, ihre Ausbildung als Zahntechnikerin zu beenden, als sie von dem großen, bösen Sekten-Proselyteur angesprochen wurde. Er sah ihr tief in die Augen, hypnotisierte sie und fing sie in einem Netz aus Träumen, Abhängigkeiten, sozialer Entfremdung und intellektueller Behinderung ein.«[22] Niemand trägt nach der Theorie dafür Verantwortung, weder Eltern und Angehörige noch der Konvertit selbst oder die gesellschaftlichen Umstände, in denen er lebt. Was der Konvertit in der Gruppe tut, tut er, weil er nicht anders kann – ist er doch »informationskrank« gemacht worden. Nur die totalitäre Gruppe und ihr Führer sind verantwortlich, sie allein haben alle Schuld. Im technikgläubigen Amerika erfreuen sich solche Theorien einer breiten Zustimmung, und auch die Ex-Mitglieder der Gruppen greifen sie verständlicherweise auf. Selbst ehemalige Angehörige des grauenhaften »People's Temple« von Jim Jones, der später den Massenselbstmord von Jonestown inszenierte, lehnten unter Berufung auf eine »Gehirnwäsche« und »Denkkontrolle« durch die Sekte jede Mitverantwortung ab. Dazu schreibt Robbins: »Aber die Last – der Erklärungen ebensowenig wie der moralischen Verantwortung – trägt niemals ausschließlich Jim (oder Adolf oder Muammar oder Swami). So einfach liegen die Dinge nicht.«[23]

Und so einfach macht es sich Frau Lohmann, die ehemalige Oberschwester Ammons, in ihrem Bericht auch nicht. In ihrem schmerzlichen Nachdenken wird jederzeit deutlich, daß sie sich der doppelten Rolle des Opfers und Täters stellen will, die sie in der DAP spielte. Sie will den Ammon verstehen, dessen Opfer sie wurde, aber sie will auch den »Ammon in sich« nicht übersehen. Die folgenden Überlegungen sollen dem Leser dazu verhelfen, dieses Ringen mit dem »Warum« auch gedanklich besser nachvollziehen zu können. Es wird sich schließlich herausstellen, daß beide, scheinbar sich widersprechenden, Standpunkte richtig sind: Es kann jedem passieren, in einen totalitären Kult zu geraten. Und trotzdem sind es die eigenen Schwächen und Probleme, die die Konversion möglich machen.

Die Faszination des Anfangs

Eine extreme Gruppe, eine abseitige Sekte oder ein totalitärer Kult müssen irgendeine Faszination ausüben, noch bevor der zukünftige Anhänger sich zugehörig fühlt oder gar sein Denken und Leben nach dem Sektenmuster umgestaltet hat. Es muß eine Faszination geben, die den Konvertiten überhaupt dazu bringt, diejenigen Schritte zu tun, die in einer festen Bindung und in der Akkulturation enden sollen. Für Frau Lohmann kam die Faszination, bevor sie ihre Ehe in Frage stellte, bevor sie die Theorien der Dynamischen Psychiatrie genauer kannte und bevor es mit ihrer beruflichen Leistung bergab ging. Was motivierte sie dazu, von Anfang an auf die DAP zu setzen und ihre anderen Lebensbereiche zunehmend zu vernachlässigen? Edward M. Levine unterscheidet anhand seiner direkten Beobachtungen drei verschiedene Typen von Konvertiten und folglich drei Grundformen der Faszination[24]:

- Bereits vor der Konversion psychosozial belastete (emotionally distressed) Menschen mit einer Vorgeschichte seelischer Probleme. Für diese Menschen liegt die Faszination des Kults in der Hoffnung auf eine grundsätzliche Besserung ihrer Lage. Allerdings wird diese Hoffnung weniger durch vernünftige Argumente oder durch praktische Beweise geweckt, sondern durch die persönliche Glaubwürdigkeit der Gruppe oder des Führers. Die belasteten Personen erleben, wie sie in der Gruppe akzeptiert werden, wie unbestrittene Autoritäten sich ihrer freundlich annehmen, wie man sich an diese Autorität anlehnen kann und sich dabei geborgen fühlt. Außerdem gibt es ihnen Hoffnung, daß ihnen der Weg zu einem positiven Selbstbild eröffnet wird. Sie können Gerettete unter Verlorenen oder Erleuchtete unter Unerleuchteten werden, sie können im Fall der DAP die einzige »wirklich gute Therapie« mitmachen und so in einer neurotischen Welt unter den wenigen sein, die realistisch fühlen und die Dinge durchschauen. Die psychosozial vorbelasteten Konvertiten fasziniert es, daß ihnen der große Meister, daß ihnen die große Utopie und der gangbare Heilsweg die Hoffnung gibt, endlich ihren persönlichen Problemen zu entkommen;

- Idealistische Menschen, die den Kult als Mittel zur Verwirklichung ethisch hochstehender Ziele sehen. Sie sind fasziniert davon, daß sich durch die Methoden der Gruppe ein Heilsplan für einen Bereich der Welt oder gar für die ganze Welt eröffnet. Allerdings stützt sich auch diese Faszination nicht auf eine sorgfältige Prüfung der hohen Ansprüche, die die Gruppe erhebt. Im Gegenteil, die kritische Nachprüfung wird eher vermieden, so daß für Levine der Verdacht naheliegt, es handle sich um einen Idealismus, der teilweise auf die Befriedigung eigener Bedürfnisse zielt. Dies schließt echte, altruistische Beweggründe nicht aus, aber die eigenen Bedürfnisse verhindern es, daß die Möglichkeit des Irrtums ehrlich geprüft wird. Schließlich ist es eine zutiefst befriedigende Rolle, die Welt zu retten oder auch nur einzelne Menschen zu retten. Man braucht dazu nicht an pathologischem Größenwahn zu leiden, oder zumindest nicht mehr, als es viele Menschen tun. In diese Kategorie fallen vermutlich die meisten der jungen Menschen, die von den Angehörigen als »völlig normal« geschildert werden, bevor sie an den Kult gerieten. Es ist in der Tat normal, daß sich in diesem Alter echter Idealismus und Geltungsdrang mischen, eine Mischung, die viele Kulte geschickt anzusprechen wissen.

Von seiten der Tiefenpsychologie werden die Angehörigen, die besondere Probleme bei den Konvertiten leugnen, gerne grundsätzlich verdächtigt, es ginge ihnen nur um die eigene Entlastung. Dieser Grundsatzverdacht ist sicherlich unberechtigt. Weiterhin stellt der Idealismus kein Vorrecht der Jugend allein dar. Die allgemeinmenschliche Sehnsucht nach dem sinnvollen Leben, nach Liebe und Dankbarkeit bei den Mitmenschen, kann sich auch für ältere Menschen so verschärfen, daß begründete Zweifel an einer Sache beiseite geschoben werden;

- Menschen mit einem intellektuellen Orientierungsbedürfnis, die von dem geschlossenen Gedankengebäude des Kults fasziniert werden. Von solchen Menschen wird auch die rigide Lebensordnung vieler Gruppen, besonders in neuhinduistischen Religionen, als faszinierend erlebt. Wiederum wird der weltanschauliche Anspruch nicht vernünftig und im kritischen Vergleich mit anderen Aussagen überprüft, sondern kritische Stimmen werden ignoriert. Daher kann man auch hinter der intellektuellen Faszination des geschlossenen Gedankensystems gefühlsmäßige, einfachere Bedürfnisse vermuten. Es geht also weniger um Wahrheit als darum, immer und überall eine Antwort zu haben. Aber auch dieses Bedürfnis ist vielen Menschen unserer Kultur bekannt, sie bewältigen mit dem System schneller Antworten die tiefsitzende Sinnkrise der modernen Gesellschaft. In gewissen Situationen mag die Versuchung übermächtig werden, das kritische Nachprüfen zu unterlassen, so daß die Frage nach Wahrheit und Irrtum verdrängt wird.

Wahrscheinlich spielen in jeder »Sektenkarriere« alle drei Elemente, die Levine nennt, in unterschiedlichem Umfang eine Rolle. Für Frau Lohmann stammte die »Faszination des Anfangs« vor allem aus der Hoffnung auf die Lösung eigener Probleme und aus dem Idealismus, während das geschlossene Gedankengebäude Ammons zu Anfang unwichtig blieb. Es ist keineswegs herabsetzend festzustellen, daß hinter dem echten Idealismus der Erzählerin, psychisch kranken Menschen zu helfen, auch eigene Bedürfnisse verborgen waren. Jeder Helfer hilft auch aus eigenen Bedürfnissen heraus, und es kommt lediglich darauf an, ob er trotzdem die Bedürfnisse des anderen im Auge behält oder ob er ihn lediglich zur Bedürfnisbefriedigung mißbraucht. Von daher gilt allgemein, daß sich die verführerische Faszination des Kultes an die persönlichen, verborgenen oder offenen Bedürfnisse des späteren Anhängers wendet. Und Levine nennt drei wesentliche Grundbedürfnisse, die bei jedermann zu beachten sind. Im Grund listet er nichts anderes auf als das Bedürfnis nach Glück, das Bedürfnis nach Werten und das Bedürfnis nach Orientierung. Diese drei Bedürfnisse spielen in unserer Zeit eine besondere Rolle, da sie alle mit der Sinnkrise der Moderne zu tun haben. Es gehört zum Beispiel zum Weltbild der modernen Gesellschaft, daß die Genußfähigkeit Voraussetzung eines sinnvollen Lebens ist. Behinderungen, schwere Schicksale und ungünstige Lebensumstände sind daher nicht nur einfachhin belastend, sie nehmen dem Leben seinen Sinn. Von daher ist zu verstehen, daß selbst (nach traditionellen Maßstäben) gesichert lebende und sozial integrierte Menschen von einer Glücks- und Genußsehnsucht umgetrieben werden, die anderen Kulturen unverständlich wäre. Damit steht das Bedürfnis nach Werten in einer gewissen Spannung, aber auch im Zusammenhang: Wem der Sinn durch Genuß nicht genügt, will sein Leben trotzdem als wertvoll erleben. Aber was sind heute gültige Werte? Der moderne Mensch beantwortet diese Frage allzu schnell anhand eines Machbarkeits- und Leistungsglaubens, der besagt, daß ein wertvolles Leben darin besteht, die Übel der Welt durch ein Programm oder eine Technik zu überwinden. Von daher führt auch der Idealismus zu dem Bedürfnis, sich den Sinn seiner Handlungen durch ihre absolut guten Wirkungen zu beweisen. Der Mensch muß das absolut Gute und Sinnvolle tun, weil er außerhalb seines Tuns nichts Sinnvolles anerkennen kann. Daß das Bedürfnis nach absoluten Antworten auf dasselbe Problem, auf die Sinnentleerung der Welt, mit anderen Mitteln zu antworten sucht, wurde oben bereits erwähnt. Es ist kein Wunder, daß das Bedürfnis nach Glück, nach Werten und nach Orientierung viele Menschen umtreibt, und daß die totalitären Gruppen sich ihrer bedienen. Aber die Liste faszinierender Versprechungen umfaßt sicherlich weitere Punkte, die nicht so allgemein gelten, sondern nur bestimmte Menschen ansprechen. Daher lohnt es sich, der einfachen Formel »Faszination durch Bedürfnisbefriedigung« weiter nachzugehen.

Man kann eine andere Einteilung wählen und zwei Bedürfniskategorien unterscheiden, nämlich das Bedürfnis nach der Linderung von Leid (häufig in Form eines Bedürfnisses nach der Linderung von Ängsten) auf der einen Seite, und eine große Zahl positiver Bedürfnisse auf der anderen Seite. Die Faszination der Geborgenheit, der Angstvermeidung, für einen seelisch belasteten Menschen braucht nicht weiter erläutert zu werden. Andere Bedürfnisse sind weniger einsichtig, zu Beispiel das Bedürfnis nach einem grandiosen, überhöhten Selbstbild bei einem im Moment oder ständig unsicheren Menschen, dessen Selbstachtung vielleicht zutiefst verletzt wurde. Oder man denke an das faszinierende Versprechen ungehemmten sexuellen Lustgewinns für einen Menschen, der bisher durch seine Hemmungen oder durch äußere Umstände am vollen sexuellen Erleben gehindert wurde, der aber eventuell schon lange entsprechende Phantasien nährte. Ob es sich um den Mittdreißiger in einer steril gewordenen Ehe handelt oder um die isoliert lebende, gehemmte Studentin in der Großstadt – welche Verlockung stellt der Gedanke für sie dar, ihre Phantasien bei den rotgekleideten Bhagwan-Jüngern ausleben zu dürfen! Natürlich trügt das Glücksversprechen: Der tatsächliche sexuelle Konsum wird nichts von der Befreiung und Beglückung bewirken, die die Phantasien vorgaukeln, aber darauf kommt es dann im Prozeß der Akkulturation nicht mehr an. Das phantasierte sexuelle Bedürfnis schuf die Faszination des Anfangs, nicht mehr. Und gerade ein solches, bei der DAP ebenso wie bei vielen anderen Gruppen reichlich offensichtliches, Motiv wird den Konvertiten häufig kaum bewußt. Noch viel weniger nennen sie es öffentlich als Begründung für ihren Übertritt. Vielmehr werden ganz nach dem Schema Levines gesellschaftlich akzeptable Gründe genannt: Die Gruppe hat aus persönlicher Not geholfen, sie hat idealistische Ziele, oder sie hat alle richtigen Antworten.

Die Formel von der »Faszination durch Bedürfnisbefriedigung« darf jedoch nicht unkritisch benutzt werden. Denn es gibt, wie gesagt, normale, unter Menschen weit verbreitete Bedürfnisse,

daneben aber auch ungewöhnliche bis hin zu pathologischen Bedürfnissen. Dazuhin hängt diese Bewertung von der Situation und vom Lebensalter ab. Beim siebenjährigen Mädchen gehört es zur Entwicklung, sich eng mit einer fraglos akzeptierten Vorbildfigur (der Mutter) zu identifizieren und es als ängstigend zu erleben, wenn die Identifikation bedroht wird. Es ist daher »normal«, daß ein Mädchen in diesem Alter leidet, wenn die Mutter sich so problematisch verhält, daß das Kind sich nicht mit ihr identifizieren kann. Wenn dasselbe Identifizierungsbedürfnis bei einer zwanzigjährigen Frau auftritt, wenn ihr die Defizite einer Vorbildfigur ebenso Angst machen, dann wird man von Unreife sprechen müssen. Und wenn sie sich dieses Bedürfnisses wegen von einer warmen, scheinbar vollkommenen Mutterfigur faszinieren läßt (in diesem Fall böte sich Brahma Kumaris oder eine feministische Psycho-Gruppe an), dann kommt diese Faszination zumindest teilweise durch ihre seelische Unreife zustande. Aber wiederum sind problematische, konflikthafte Bedürfnisse in menschlichen Biographien nichts Seltenes.
Es wäre daher voreilig, die Faszination eines Kults grundsätzlich auf eine pathologische seelische Verfassung zurückzuführen. Auch bei Frau Lohmann stellt sich die Lage komplizierter dar: Einmal beschreibt die Verfasserin selbst, daß ihr aus ihrer schweren Kindheit und Jugend manches Problem nachhing. Auf der anderen Seite hatte sie einige Schwächen bereits bewältigt, die erst in der DAP wieder neu zum Problem wurden. Ich neige zu der Auffassung, daß die Anziehungskraft der DAP für sie so »unnormal« nicht war, daß die Faszination viele andere Menschen ebenso hätte treffen können (und getroffen hat). Die persönliche Problembewältigung spielte für sie zwar eine wichtige Rolle, als sie in das Lehr- und Forschungsinstitut eintrat. Aber es handelte sich ausdrücklich um ein momentanes, akutes Problem, an eine grundsätzliche Neuorientierung dachte sie zu Anfang noch nicht. Das erinnert uns daran, daß nicht alle seelischen Probleme, für die sich ein Kult als Helfer anbietet, langanhaltend sein müssen. Viele Studenten geraten, wenn sie aus dem Elternhaus in eine fremde Stadt versetzt werden und ihre bisherigen menschlichen Kontakte

verlieren, vorübergehend in depressive Stimmungen hinein. In dieser Situation kann die warme, teilnehmende Gruppe, als die der Kult erscheint, eine Faszination ausüben, die sie auf denselben Menschen unter anderen Umständen nicht hätte. Grundsätzliche psychische Probleme mögen mitspielen, sind für die Faszination des Angebots aber zweitrangig. Die Schwächen der Vergangenheit kommen auch bei Frau Lohmann eher dann ins Spiel, wenn es um die »Akkulturation« geht, also um die Frage der Anpassung an den DAP-Lebensstil. Darüber wird noch zu sprechen sein.

Aber nochmals: Menschliches Verhalten entsteht in hochkomplexen Schritten, und die erste Faszination bewirkt noch lange nicht eine dauerhafte Bindung. Dies gilt besonders, wenn die Faszination von unmittelbarer Erfahrung bewirkt wird, die sich schnell abnutzen kann. Viele Teenager wurden in den Teestuben der Moonies dem für diese Gruppe typischen »love bombing« ausgesetzt, und vermutlich fanden viele es angenehm, derart im Mittelpunkt zu stehen. Viele Mittdreißiger stürzten sich in Bhagwan-Therapie-Wochenenden, um den orgiastischen Austausch von Zärtlichkeiten und Sex zu genießen. Nur wenige – im Fall der Moonies verschwindend wenige – der ursprünglich Faszinierten wurden zu festen Anhängern. Auch die DAP zog sehr viele Menschen, vor allem kritische Fachleute, mit ihren Versprechungen an, und vergraulte die meisten von ihnen nach kurzer Zeit wieder. Die direkte Erfahrung, die unmittelbare Bedürfnisbefriedigung allein, kann die Faszination selten lange aufrechterhalten. Zum einen läßt ihre Wirkung durch Gewohnheit rapide nach, und zum anderen hängt das Wohlgefühl zu sehr an den Umständen des Augenblicks. Außerhalb der Kultumgebung nimmt seine Wirkung schnell ab, und andere Erfahrungen verdrängen es aus dem Bewußtsein. Eine beständigere Faszination ergibt sich meist nur, wenn andere Schichten der Persönlichkeit neben dem bloßen Gefühlsleben angesprochen werden, wenn die Sekte von Anfang an auch als Identifikations- oder Sinnangebot empfunden wird. Daher spielen die Kategorien Levines letztlich doch eine entscheidende Rolle. Die Verlockung durch Hilfe, Werte und Orientierungen, die Anziehungskraft einer neuen

Sicht der Welt und der eigenen Person, wirkt viel beständiger als die emotionale Bedürfnisbefriedigung. (Letztere wird erst dann zur echten Bindung, wenn feste Gewohnheiten der Befriedigung, bis hin zur Sucht, sich etablieren. Aber das dauert seine Zeit.) Erst wenn die Faszination beständig geworden ist, wenn sie im Auf und Ab des Alltags stabil bleibt, kann man von einer Bindung an die Gruppe sprechen.

Ich glaube, es läßt sich folgende Formel rechtfertigen: Zu Anfang beruht die Faszination eines totalitären Kults auf einer Mischung unmittelbarer, befriedigender Erfahrungen mit solchen Sinn- und Identifikationsangeboten, die die Bedürfnisse des Konvertiten ansprechen. Es lohnt sich, den Bericht von Frau Lohmann vor dem Hintergrund der erwähnten Einfachtheorien und der hier vorgetragenen Ideen nochmals zu bedenken. Wurde die Verfasserin durch eine schlau inszenierte Hypnose oder durch gezieltes »snapping« zur Anhängerin der DAP? Nichts dergleichen ist herauszulesen, vielmehr finden wir eine folgerichtige Entwicklung. Sie empfindet es als angenehm, wie ernst ihre Probleme in der Therapie genommen werden, und man läßt sie sich in der Gruppe längere Zeit zu Hause fühlen. Während dieser Zeit verschreibt sie sich der faszinierenden Utopie, daß sie durch diese »tief am Menschen ansetzende« Therapie ihre seelischen Probleme lösen und eine wirklich sinnvolle Aufgabe finden könne. Sie definiert sich bereitwillig selbst als schwer krank, um die Voraussetzungen der heilswirksamen Therapie zu erfüllen. Die Ziele der DAP werden zum Sinngehalt ihres eigenen Lebens. Erst als sie soweit gebunden ist, daß sie diese Faszination nicht mehr leichthin aufgeben kann, beginnt die »Akkulturation«. Erst dann setzt der Druck ein, sich anzupassen oder am Druck zu zerbrechen. Aber davon wird später zu sprechen sein.

Die Sinn- und Identifikationsangebote der extremen Gruppen unterscheiden sich und sprechen insofern verschiedene Menschen an. Eine Psychosekte fasziniert vor allem gebildete Menschen aus helfenden Berufen mit persönlichen Problemen. Wahrscheinlich gibt es zwischen dem Klientel Bhagwans und dem der DAP viele Überschneidungen. Andere Gruppen sprechen andere Menschen an. So finden sich zum Beispiel bei der militanten Hindu-Sekte Ananda Marga viel mehr sozial gescheiterte, bildungsmäßig schwache Menschen als bei Bhagwan oder gar bei der DAP. Ananda Marga fasziniert die Anhänger mit der Geborgenheit in einem festen, wenn auch hochgradig autoritären und leistungsorientierten, sozialen System und mit der völlig geschlossenen, nie um eine Antwort verlegenen Ideologie. Aber auch bei Ananda Marga muß zur unmittelbaren Bedürfnisbefriedigung ein Sinnangebot hinzutreten. Es besteht in dem Versprechen, der Margi (so werden die Anhänger genannt) könne durch bestimmte Meditationspraktiken und perverse Rituale okkulte Kräfte entwickeln und letztlich zum Übermenschen werden. Ohne ein solches Sinnangebot hält die anfängliche Faszination dem Auf und Ab der Gefühle, dem Hin und Her des Alltags nicht lange stand. Ich vermute, daß deshalb der größte Teil der Menschen, die mit extremen Gruppen in Berührung kommen, nach wenigen Tagen oder Wochen wegbleiben, ohne daß eine engere Bindung zustande kommt: Die ersten Erfahrungen übten ihren Reiz aus, aber es gelang der Gruppe nicht, über diesen Reiz hinaus ein wirksames Sinn- und Identifikationsangebot zu machen. Entweder war das Angebot nicht auf die individuelle Bedürfnislage anwendbar, oder es wirkte nicht glaubwürdig genug, oder es entstand gleichzeitig irgendein Widerwille gegen die Gruppe, der der Faszination entgegenwirkte. Aber in anderen Fällen macht der neue Anhänger sich das Angebot zu eigen, und dann können die psychologischen und sozialen Mechanismen der Akkulturation wirken, es kommt zur Abhängigkeit von der Lehre und ihrem Meister.

Die sektiererische Lebenswende: Akkulturation und Abhängigkeit

Die dauerhafte Faszination durch das Kultangebot wird den Interessenten dazu bewegen, die Lehre soweit als möglich in die Praxis umzusetzen. Schließlich will er seine große Hoffnung in Realität verwandeln, er will den angebotenen Lebenssinn so schnell als möglich verwirklichen. Auch von seiten seiner neuen Freunde wird er in diese Richtung gedrängt werden, denn eine feste Mitgliedschaft kann nur auf einer geänderten Lebenspraxis beruhen. Aber jeder Schritt in Richtung der Kultregeln bringt den neuen Anhänger in Konflikte: Konflikte mit den bisherigen Freunden und Bekannten, mit der Familie und im Beruf; aber auch Konflikte mit den neuen Bezugspersonen innerhalb der Gruppe. Diese verhalten sich anders als zu Anfang, sie verlangen Dinge, von denen vorher nie die Rede war, sie üben Druck aus, wo sie früher freundlich werbend vorgingen. Außerdem kommt es zu inneren Konflikten, wo immer die bisherigen Ansichten und Werte des neuen Anhängers mit dem fremden Ethos des Kults zusammenstoßen. Die Konflikte werden am intensivsten dort erlebt, wo die Neuorientierung die wichtigsten bisherigen Bindungen betrifft, vor allem also in der Herkunftsfamilie und den eigenen Lebenspartnern oder Ehegatten gegenüber, falls es diese gibt. Daher stammen die meisten Leidensberichte der Angehörigen von den Eltern, den Freunden und Freundinnen oder den Männern und Frauen der Konvertiten. Ich erwähnte bereits, daß diese Personen das Geschehen in der Regel als geheimnisvolle, von außen gesteuerte Manipulation wahrnehmen, da der Konvertit ihnen gegenüber die inneren Konflikte, die Zweifel und Spannungen besonders sorgfältig verbirgt. Trotzdem stellt die Konflikthaftigkeit des vom Kult gewünschten Anpassungsprozesses ein Grundmerkmal dieses Vorgangs dar. Wenn man davon ausgeht, erscheinen viele in der Literatur getrennt diskutierte Beobachtungen in einem gemeinsamen Licht.

Was als tranceähnliche Zustände beschrieben wurde, läßt sich als Konfliktreaktion auf extreme innere Spannungen verstehen. Selbst der Beziehungsabbruch (wo er vom Kult nicht direkt gefordert wird) stellt eine verständliche Anpassungsreaktion dar. Der Konvertit meidet diejenigen Kontakte, die ihn am meisten belasten. Auch der Vergleich mit Hypnosevorgängen läßt sich hier verwerten, denn die Hypnose beruht auf einer Konfusion der sonstigen, geordneten psychischen Fähigkeiten, die dem Hypnotiseur die Kontrolle über die Kommunikation verschafft. Obwohl eine vollständige Hypnose kaum benutzt werden dürfte, können vom Konflikt Zustände innerer Konfusion erzeugt werden, die in Richtung Hypnose gehen. Unter den »inneren Konfliktreaktionen«, mit denen das Denken der Streßsituation zu entgehen sucht, könnte schließlich ein Prozeß sein, der sich mit Recht als »Informationskrankheit« beschreiben ließe. Darunter wäre eine unbewußte, aber zur Gewohnheit werdende Abwehr gegen kritisches Denken zu verstehen, die primär der Spannungsverminderung dient, sekundär den Konvertiten aber der Indoktrination wehrlos ausliefert.

Seelische Vorgänge dieser Art dürfte es in vielfachen Variationen geben, und die Einzelheiten sind sicher noch nicht hinreichend bekannt. Wie aber auch immer die Konfliktlage im einzelnen sein mag, der Kult arbeitet immer auf dasselbe Ziel hin: Eine dauerhafte Anpassung an die neue Gruppe, und damit die eigentliche Konversion, kann nur zustande kommen, wenn die unvermeidlichen Konflikte im Sinn der Kultideologie gelöst werden. Der Konvertit muß, psychologisch gesprochen, diejenigen Deutungen übernehmen und diejenigen Anpassungsmechanismen benutzen, die ihm die Gruppe vorgibt. Die Beeinflussung durch die Gruppe geht dementsprechend meist weniger in Richtung raffinierter psychologischer Manipulationen, vielmehr wird in der Regel ganz handfest versucht, sämtliche Möglichkeiten der Konfliktlösung zu verhindern, die nicht im Sinn der Gruppe sind. Wenn sich zum Beispiel ein Ananda-Marga-Anhänger von dem Auftrag überfordert sieht, eine bestimmte Geldsumme aufzutreiben, darf er nicht so reagieren, wie man im Alltag reagieren würde. Er darf dem zuständigen Priester (Dada) seine Lage nicht erläutern, er darf nicht versuchen, erträglichere Bedingungen auszuhandeln. Er muß dazu gebracht werden, seine Überforderung als persönlichen Mangel an Kraft (power) zu empfinden, der durch verstärktes Meditieren und strengeres Einhalten der Regeln behoben werden muß. Nur diese Reaktion führt ihn weiter in die Sekte hinein, und folglich wird er massiv in diese Richtung gedrängt. Ein Verhalten, wie er es bisher in ähnlichen Konflikten gezeigt hätte, würde die innere Struktur der Gruppe sprengen. Daher muß er sich letztlich

anpassen oder weggehen; und wenn die Faszination stark genug ist, paßt er sich an.
Ganz ähnlich läßt sich der Prozeß verstehen, den Frau Lohmann schildert. Wie es bei vielen Psychosekten vorkommt, wurde die Verfasserin nach der angenehmen Anfangszeit aggressiv behandelt und aufs äußerste gedemütigt. In der DAP ist dieses Vorgehen Programm, aber auch aus Bhagwan-Therapien gibt es ähnliche Berichte in Mengen. Jeder Neuling wird fertiggemacht, weil er »sich nicht einbringt«, »sich nicht erreichen läßt«, »fassadär ist« oder »verkopft daherredet«. Solche Erfahrungen sind entsetzlich und verursachen tiefe innere Konflikte. Fast unvermeidlich schwankt der Neuling zwischen ohnmächtigem Ärger und der tiefsitzenden Hoffnung, wenn nur dieses Leid durchgestanden werde, sei man ein großes Stück weitergekommen. Es ist eindrucksvoll zu lesen, wie die Autorin ihren Ärger fast automatisch unterdrückte, so sehr, daß sie zehn Jahre lang keinen Zorn mehr zu spüren imstande war. Hier wirkte sich sicherlich, wie sie selbst sagt, die Erfahrung ihrer leidvollen Kindheit aus. Das Überleben durch die Verleugnung von Angst und Zorn war ihr vertraut, obwohl sie diese pathologischen Anpassungsreaktionen im Alltag weitgehend abgelegt hatte. Aber als die Verleugnung erneut verlangt wurde, und da sie die Zusammenhänge nicht durchschauen konnte, zog sie sich auf die früheren Verhaltensmuster zurück. Sie paßte sich an, und zwar um so mehr, je stärker der Druck wurde und je mehr sie sich mühte, dem Bild der DAP-Idealpatientin zu entsprechen. Damit hatte sie ihren inneren Konflikt nach DAP-Muster gelöst: Immer mehr Therapie, immer mehr Abhängigkeit, radikale Unterdrückung aller Kritik. Die Akkulturation, die Übernahme der Denk- und Verhaltensweisen der Gruppe, war damit vorgezeichnet.
An diesem Punkt wird deutlich, warum die seelische Problematik eines Menschen ihn zwar nicht als Opfer einer bestimmten Gruppe vorprogrammiert, ihn in den unvermeidlichen Konflikten aber vergleichsweise hilflos machen kann. Ein Mensch mit positiveren Erfahrungen aus Kindheit und Jugend wäre möglicherweise gar nicht imstande gewesen, den (für ihn) großen Schritt von

seinen bisherigen Anpassungsreaktionen zum geforderten Verleugnen der Konflikte zu tun. Oder es wäre ihm nicht für lange Zeit gelungen: Relativ viele Menschen scheinen in der DAP gewisse Stufen der Akkulturation mitgemacht zu haben, ohne daß sie ihre Gesamtpersönlichkeit völlig angepaßt hätten. Nach einem, zwei oder drei Jahren (je nach Position) flohen sie dann doch aus der Gruppe oder wurden gefeuert, da ihre mangelhafte Anpassung nicht länger toleriert wurde. Zur langdauernden, vollständigen Anpassung gehört, wie Frau Lohmann es mit bedrückender Klarheit formuliert, eine gewisse »emotionale Wendigkeit in der Situation des Unterdrücktseins«. Mit anderen Worten, man benötigt funktionierende Anpassungsreaktionen, die auch in dieser belastenden Situation das Überleben möglich machen. Und solche Reaktionen können unter anderem aus einer Vorgeschichte der Erniedrigung und Unterdrückung stammen.

Es wäre allerdings ein Mißverständnis, wollte man annehmen, ein Anhänger entscheide sich bewußt für die kulttypischen Reaktionen und gegen sein bisheriges Verhalten. Kaum jemals wird das Für und Wider tatsächlich abgewogen, vielmehr erzeugt der innere oder äußere Konflikt einen Druck, dem der Konvertit weicht, indem er entweder seine bisherige Identität und seine bisherige Orientierung aufgibt, oder indem er aus dem totalitären Kult flieht. Die Gruppe tut im Prinzip wiederum nichts anderes, als ständig die aus ihrer Sicht »richtigen« Konfliktlösungen voranzutreiben. Dabei werden in aller Regel dieselben Methoden benutzt, Menschen seelisch unter Druck zu setzen, die aus dem Alltag bekannt sind: Gruppendruck, Entwertung und Aufwertung der Person je nach Gefügigkeit, Wechsel von Anerkennung und Kritik (Zuckerbrot und Peitsche) usw. Eine wichtige, im Alltag ebenfalls nicht unbekannte Maßnahme ist dabei, Konflikte mit der Gruppe und ihrer Lehre nie offen zu diskutieren. Hier liegt ein wichtiger Unterscheidungspunkt zu allen nichttotalitären Gruppen. Im totalitären Kult werden offene Auseinandersetzungen, ja schon Fragen nach dem Sinn dieser oder jener Maßnahme und Regel, nicht zugelassen. Beide Texte (Kapitel II und III) berichten, daß die einzige Reaktion, die völlig unmöglich war, diejenige war, Ammons therapeutische Weisheit oder die Lehre der DAP in Frage zu stellen. So etwas durfte man nicht äußern, ja kaum denken. Und als Frau Lohmann sich trotzdem unter dem Eindruck des Todes eines Therapeuten zu einer kritischen Äußerung hinreißen ließ, zog sie sich die sofortige Ächtung zu. Dieser Ablauf ist ebenso lehrreich wie bedrückend: Die dunkle Realität des Todes schafft immer Wahrheit, und auch die DAP konnte sich ihrer Macht nicht ganz verschließen. Aber die Einsicht hielt ohne Stütze und ohne Nahrung nicht vor. Auch die Kritikerin kehrte schließlich, unter schrecklichem seelischem Druck, zu den kulttypischen Konfliktreaktionen zurück und ebnete damit Ammon den Weg, sie erneut an sich zu binden.

Allerdings wandern sowohl die neuen Anhänger als auch die extreme Gruppe auf einem schmalen Grat, wenn die Akkulturation gelingen soll. Die Zumutungen an den Konvertiten sind so groß, und die Belohnungen neigen so rasch zum Verschwinden, daß jeder äußere Einfluß, jede unerwartete Alltagserfahrung die Bindung in Gefahr bringt. Daher haben alle totalitären Kulte von den Zeugen Jehovas bis zu den Psychogruppen gemeinsam, daß sie die persönlichen Beziehungen des Konvertiten zu zerstören suchen. Diese Maßnahme bildet die zweite Hauptwaffe gegen »normale« Konfliktlösungen, die ja häufig vertrauensvolle menschliche Beziehungen voraussetzen. Die Familienangehörigen und Freunde werden, sofern sie sich nicht selbst als Anhänger gewinnen lassen, konsequent auf die Seite des Bösen gerückt. Das kulttypisch in Schwarz und Weiß gespaltene Weltbild gibt dazu die Möglichkeit. Auch in diesem Fall war der Ehemann derjenige, der der absolut guten Therapie im Wege stand, die »Abhängigkeit« von ihm mußte zuerst abgelegt werden. Selbst der kleine Sohn war eher störend, daher sollte er beim Ehemann bleiben, trotz der erklärten Kinderfreundlichkeit der DAP. Und die persönlichen Freunde schadeten natürlich samt und sonders der Therapie, auch sie mußte man hinter sich lassen. Die Herkunftsfamilie eines Menschen ist für eine Psychosekte sowieso vom Teufel, und zwar auch dann, wenn sie nicht so problematisch ist wie in diesem Fall. Die vielfältigen Beziehungsabbrüche gehen selbstverständlich mit weiteren Konflikten einher, und auch diese müssen vom Konvertiten, soll die Bindung fortschreiten, aus der extremen Sicht der Gruppe betrachtet werden. Von daher kämpft der Ehemann nicht um den Erhalt seiner Ehe, er versucht die Gesundung seiner Frau zu verhindern, ebenso wie die wohlmeinenden Freunde nicht etwa der Patientin helfen, sondern ihre eigene neurotische Abwehr stärken wollen. Werden diese Deutungen übernommen, bilden sie einen weiteren Akkulturationsschritt hinein in die Sekte.

Der Abbruch aller früheren Beziehungen und das Verbot, Probleme mit dem Kult und seinem Führer offen auszusprechen, bilden gemeinsam die wichtigste Voraussetzung dafür, daß die bisherigen Verhaltensweisen, Denkweisen und Gewohnheiten verschwinden und daß die Akkulturation gelingt. Allein diese Regeln reichen aus, um einen großen Teil der früheren Möglichkeiten des Anhängers zu durchkreuzen, mit Problemen vernünftig fertig zu werden. Aber daneben wirken weitere Umstände mit, die ebenfalls zu beachten sind. Zum Beispiel wird das Urteilsvermögen und die Widerstandskraft der Konvertiten durch eine asketische Lebensweise oder durch schiere Erschöpfung getrübt. Im Fall der DAP führte die hektische Aktivität der Anhänger, die Tag- und Nachtsitzungen sowie der Zwang zum Geldverdienen (die Therapie mußte ja bezahlt werden, die DAP forderte Kredite von den Therapeuten, Ammon erhielt teure Geschenke) bei vielen Anhängern zur körperlichen und seelischen Überforderung. Ein ehemaliger Therapeut der DAP berichtete, er habe eines Tages mit Überraschung registriert, daß er sich angewöhnt habe, achtzig Stunden in der Woche im Lehr- und Forschungsinstitut zu verbringen.[25] Vier Stunden Schlaf seien ihm als viel erschienen; ständig drängten alte und neue, unerledigte Aufgaben. Einem derart gestreßten, innerlich und äußerlich ausgepumpten Anhänger kann man leichter glauben machen, er sei seelisch krank und benötige noch mehr Therapie, als einem ausgeruhten und fürsorglich behandelten Menschen. Außerdem kommt der gehetzte Mensch nur selten zum Nachdenken, er gewinnt keinen Abstand zu dem Betrieb, der ihn auffrißt. Auch damit läßt sich die realistische Auseinandersetzung mit den eigentlichen Problemen verhindern. Daher gehören ein hektischer Aktivismus, der mit ständiger Überforderung Hand in Hand geht, zum Erscheinungsbild vieler totalitärer Kulte. Die DAP macht dabei keine Ausnahme.

Interessant ist auch die Art der Kommunikation, durch die ein normales Problemverhalten verhindert wird, und die in der Literatur wenig Beachtung findet. Es entsteht nämlich eine paradoxe Definition der Beziehung, die den Anhänger mit dem totalitären Kult und besonders mit dem Meister verbindet. Damit ist folgendes gemeint: Aus der Sicht der Kommunikationstheorie versucht ein neuer Anhänger sich in seiner Umgebung heimisch zu machen, indem er die Beziehungen zu den anderen Anhängern und zum Führer »definiert«. Das heißt, er will die Rolle verstehen, die er einnimmt, und er will den übrigen Beteiligten eine Rolle zuweisen. Nur so kann er sich in der neuen Gesellschaft sicher fühlen und sich entsprechend der neuen Regeln bewegen. Aber er will – wie es üblich ist – an den Beziehungsdefinitionen auch mitwirken. Sie sollen nicht nur die Absicht der anderen, sondern auch seine eigene Absicht widerspiegeln. Solange er darauf besteht, versucht der neue Anhänger noch, Probleme auf üblichem Weg und nicht »totalitär« anzugehen. Der Führer des Kults oder die ihm ergebene Gruppe muß dagegen die Beziehung allein definieren, da nur und ausschließlich ihre Ideologie gelten darf. Allerdings kann man dem Konvertiten kaum offen mitteilen, daß er rein gar nichts zu sagen hat. Für eine solche Erkenntnis ist er noch nicht »reif«, dazu muß er erst (im Fall der DAP) »im Kern erreicht« sein. Folglich erhält der neue Anhänger überhaupt keine klare Beziehungsdefinition, er kann weder für noch gegen das sein, was gilt, weil nichts sicher gilt. Gerade dadurch wird es ihm verwehrt, sich mit den Problemen in der Gruppe offen auseinanderzusetzen.

Der Sektenführer und die Gruppe als Ganzes halten ständig mindestens zwei sich widersprechende Definitionen ihrer Beziehung zum Anhänger aufrecht. In diesem konstanten inneren Widerspruch besteht die »Paradoxie« der Beziehung. Was damit gemeint ist, zeigt das Kapitel II in geradezu klassischer Klarheit: Als neue Oberschwester in der Menterschwaige ist die Erzählerin einerseits ein Vorbild, tüchtig und genießt das volle Vertrauen des Chefs. Auf der anderen Seite ist sie krank, und man muß den Patienten ihr gegenüber beistehen, damit sie keinen Schaden anrichtet. Entscheidend dabei ist, daß beide Versionen gelten und daß es im Belieben Ammons verbleibt, welche er benutzen will. Wenn die Oberschwester sich wehrt, wenn sie an die Kündigung denkt, dann ist sie tüchtig, dann wird sie gelobt. Wird sie aber zu einflußreich oder will sie gar Kritik äußern, kann man sie in der »Großgruppe« menschlich und seelisch heruntermachen. Auf diese Weise hat sie etwas zu sagen und hat letztlich doch nichts zu sagen. Sie wird geschätzt und doch nicht geschätzt. Es gelingt ihr nicht, der Beziehung zu Ammon und zur DAP eine zuverlässige Definition zu geben – immer kann auch das Gegenteil gelten. Ammon scheint das Spiel mit solchen Täuschungsmanövern hervorragend beherrscht zu haben. Es ist sehr schwer, aus einer solchen paradoxen Beziehungsdefinition auszubrechen, solange man nicht ihre gedanklichen Voraussetzungen direkt angreift. Aber das hätte bedeutet, die Lehre der DAP und ihre großen Hoffnungen in Frage zu stellen. Ohne einen solchen kritischen Abstand gibt es aus der Zwickmühle von Lob und Erniedrigung kaum ein Entkommen.

Es sollte beachtet werden, daß alle die geschilderten Maßnahmen und Lebensumstände, die die üblichen Reaktionen des neuen Anhängers blockieren und damit die Akkulturation vorantreiben, den Konvertiten nicht »von selbst« verändern, wie eine Maschine durch technische Eingriffe umgebaut wird. Auch Psychosekten haben keinen direkten Zugang zum menschlichen Fühlen, Handeln und Denken, obwohl sie dies glauben, und obwohl Theorien wie die »snapping«-Vorstellung ihnen eine solche Macht zuschreiben. Es werden Umstände geschaffen, die bewirken, daß der Konvertit auf Probleme und Konflikte möglichst »sektengemäß« reagiert, und nur dadurch wird er schließlich verändert. Meist sind diese Umstände überhaupt nicht bewußt geplant, um Konvertiten zu binden, sondern sie gehören zur Ideologie und

Tradition der Gruppe und sind deshalb vorhanden, weil sich die Sektenanhänger nur in dieser Weise ihrer Identität ständig versichern können. Die Wege, die in die Sekte führen, lassen sich psychologisch durchaus einsichtig beschreiben, und man muß weder tiefenpsychologische noch neurologische Dämonen bemühen, um die Konversion zu verstehen. Zweifellos reichen die hier entwickelten Gedanken bei weitem nicht aus, um jede Konversion analysieren zu können, aber das war auch nicht ihr Ziel. Das Ziel bestand darin, das in Kapitel II geschilderte Schicksal besser nachvollziehen zu können, wobei die Umstände des weiteren Verharrens in der Gruppe und der schließlichen Trennung außer acht blieben. Über die Rehabilitation der Opfer totalitärer Kulte ist noch viel zu wenig bekannt. Aber selbst das wenige zu besprechen, würde ein eigenes Kapitel füllen. Über die Konsequenzen des psychotherapeutischen Sektierertums wird allerdings noch einiges zu sagen sein.

V Der Mißbrauch der Psychotherapie

Zum Diskussionsstand

Das Problem der Sektiererei innerhalb der unüberschaubaren Therapieszene wurde in den letzten Jahren, spät genug, endlich ernsthaft diskutiert. Unter anderem befaßten sich die Lindauer Psychotherapiewochen, das größte »Psychotreffen« Europas, 1987 mit den Wirkungen der Psychotherapie. Dort machte man sich, anders als bisher, an das mühselige Geschäft des Messens und Zählens, Wägens und Sichtens. Wenn man sich an frühere Zeiten erinnert und wie stark das Lindauer Treffen früher in Harmonie und Toleranz gegenüber allem und jedermann machte, dann muß man von einem Fortschritt sprechen. Eine kritische Untersuchung einzelner Schulen wurde zwar immer noch vermieden. Noch immer herrschte das Gefühl vor, daß »alle gewonnen haben und alle einen Preis bekommen«. Aber zumindest wurde die Effektforschung erstmalig wirklich ernstgenommen. Als Ursache läßt sich der zunehmende Druck einer kritischer gewordenen Öffentlichkeit leicht ausmachen. Die »Blumen aus Granit«, die »Herzbrüche« und die Untaten der »guten Meisterin« (und nicht zuletzt die Witzeleien des Kursbuchs 82 über die »Therapiegesellschaft«) haben das Ansehen der Psychotherapie insgesamt erschüttert.
Seriösen Therapeuten und solchen, die einen Namen als Wissenschaftler zu verlieren haben, war diese Entwicklung nicht gleichgültig. Zum Beispiel wird der Psychoanalytiker Jörg Bopp seit einiger Zeit nicht mehr müde, seine Abneigung gegen den Wildwuchs der Therapien zu äußern und die Motive der Sektierer und ihrer Klienten zu untersuchen, allerdings ohne sein psychoanalytisches Handwerkszeug mit in Frage zu stellen.[26] Ähnlich verhält es sich mit dem »Kompaß der Seele« von Tilmann Moser,

dem trotz seiner echten Sorge um die Patienten gegen die Mißstände letztlich auch nicht viel mehr einfällt als der Rat, im Ernstfall den Analytiker zu wechseln.[27] Am unterhaltsamsten nahm sich das »Kursbuch 82« des Themas an. Die dort publizierten Erlebnisberichte sind eine eindrucksvolle Bestätigung dafür, daß die besten Satiren in der Tat vom Leben selbst geschrieben werden. In einer Art Gegenreaktion konnte die bekannte klinische Psychologin Eva Jaeggi[28] (zusammen mit Hans-Peter Dreitzel) sogar im Zentralblatt des Therapiebetriebs, in »Psychologie Heute«, über die Möglichkeit nachdenken, den Auswüchsen des Therapiemarkts zu wehren. Darüber später mehr. Zur neuen Nachdenklichkeit trugen allerdings weniger die voll entwickelten Psychosekten im Stil der DAP bei, von denen es vergleichsweise wenige gibt. (Neben einigen Kleingruppen wäre zum Beispiel die sogenannte »Aktionsanalytische Aktion« des Kunstmalers Otto Mühl und die »Bauhütte« von Dieter Duhm zu nennen. International agiert praktisch nur die Psycho-Vermarktungsgesellschaft von Werner Ehrhard alias Jack Rosenberg, die als Ehrhard Seminary Training oder EST bekannt wurde und sich heute »Forum« oder »Centers Network« nennt.)
Viel verbreiteter sind jedoch einzelne sektiererische Züge bei bestimmten Therapeuten und Therapiezentren, sei es eine überzogene Abhängigkeit eines Patientenkreises vom Therapeuten, seien es utopische Therapieziele, sei es ein bedenklicher Verfall des therapeutischen Ethos. Diese Gefahrenzeichen gibt es im sogenannten »grauen« oder alternativen Psychomarkt zuhauf. Wer sich über diesen Markt informieren will, braucht nur die Anzeigenbeilage von »Psychologie Heute« zu studieren oder die Kleinanzeigen seines städtischen Szenenblättchens durchzusehen. (Gute Beispiele liefert »Zitty« in Berlin.) Aber auch in der etablierten Therapie treten einzelne sektiererische Züge zutage, teils aufgrund der bedenklichen Züge einzelner Therapeutenpersönlichkeiten, teils auch als Programm. Über Beispiele utopischer Therapieziele bei bekannten Autoren wurde bereits in der Einleitung berichtet. Und daß der alternative Psychomarkt insgesamt im Zug der »New Age-Welle« in den Bereich von Religion und

Ideologie abdriftet, läßt sich beim schlechtesten Willen kaum mehr übersehen. Die Fachwelt muß reagieren, und sie tut es langsam, mühsam und ohne rechten Überblick über das Ausmaß der Misere.

Diejenigen Fachvertreter, die sich ernsthaft um das Ansehen (und um die Effektivität) der Psychotherapie sorgen, beginnen zunehmend nach Dämmen zu rufen, die die Flut der Quacksalberei und der Ausbeutung begrenzen sollen. Als erste Möglichkeit wird meist eine staatliche Zulassungskontrolle genannt. Dazu müßte per Gesetz festgelegt werden, welche Art von Fachkenntnissen für einen Therapeuten nötig sind, und wo und wie diese Kenntnisse zu erwerben wären. Allerdings müßte man vorher eine Möglichkeit finden, bewährte Verfahren und bewährte Ausbildungswege von nutzlosen Methoden zu unterscheiden. Genau das hat sich bisher als praktisch unmöglich erwiesen. Auf die enormen Schwierigkeiten der Effektforschung will ich nicht näher eingehen. Das Chaos, das die Lindauer Therapiewochen in den Medien hinterließen, sprach in diesem Punkt für sich. Ich will nur andeuten, daß die Effektforschung bisher im Ergebnis auf einen Streit darüber hinauszulaufen scheint, ob alle Psychotherapien gleich gut oder ob sie alle gleich schlecht wirken. In der Praxis spielt die Effektforschung deshalb kaum eine Rolle dabei, ob eine Methode für anerkannt und wirksam oder ob sie für alternativ und sonderbar gehalten wird. Diese Unterscheidung hängt vielmehr davon ab, ob es einer Schule gelingt, geregelte Ausbildungswege einzurichten, im Gespräch mit anderen Schulen mit ihren Argumenten mitzumischen, in das Fortbildungsprogramm von Kliniken und Universitäten zu kommen usw. Das heißt, es kommt auf das Geschick im Umgang mit gesellschaftlichen Abläufen und auf die Theoriefähigkeit einer Schule an. Der Psychoanalyse und der Verhaltenstherapie (in ihrer kognitiv erweiterten modernen Version) ist es am besten gelungen, sich auf diese Art zu etablieren, und die Verhaltenstherapie gewinnt noch heute laufend an Terrain. Aber auch anderen Methoden steht dieser Weg offen: Daß die Gesprächstherapie nach Carl Rogers (GT) heute als »seriös« gilt, beruht weitgehend auf der akademischen Arbeit des Ehepaars

Tausch in den siebziger Jahren. Die Gestalttherapie, eigentlich eine klassische Mischung von Psychologie und Ideologie, gewinnt durch die rastlose Aktivität von Hilarion Petzold laufend auf demselben Weg an Seriosität. Den nötigen gesellschaftlichen Rahmen dafür bringt die »Europäische Gesellschaft für Gestalttherapie« inzwischen spielend auf die Beine. Und neuerdings bemüht sich das »Neurolinguistische Programmieren« oder NLP ganz offenkundig, ebenfalls diesen Weg einzuschlagen. Der Nachweis, daß die neue Methode gute oder gar bessere Erfolge hat als die Konkurrenz, spielt dabei kaum eine Rolle. Während die GT hier (heute stark relativierte) Anstrengungen unternommen hat, gibt es über die Gestalttherapie meines Wissens wenig und über NLP gar keine Effektforschung. Aber das spielt für die Marktsituation einer Schule kaum eine Rolle.

Eine staatliche Zulassungskontrolle wird von Vertretern solcher neuen Marktangebote selbstverständlich abgelehnt. Sie würde wahrscheinlich Psychoanalyse und Verhaltenstherapie bevorzugen, und die neuen Schulen fragen mit Recht danach, wodurch eine solche Monopolstellung verdient wäre? Daß Psychoanalyse und Verhaltenstherapie (wie Eibe-Rudolf Rey vom Zentralinstitut für seelische Gesundheit in Mannheim zuversichtlich meint[29]) nachweislich besser erprobt und wirksamer sind als andere Methoden, läßt sich mit harten Daten in der Tat nicht belegen. Professor Horst Kaechele, selbst ein Analytiker, räumte diese Tatsache in Lindau auch unumwunden ein.[30] Eva Jaeggi lehnt aus diesem Grund staatliche Zulassungskontrollen für Psychotherapeuten generell ab, aber sie sieht noch weitere Gründe dafür, den Wildwuchs zuzulassen. Vor allem meint sie, daß die kreative Weiterentwicklung der Psychotherapie nur gesichert sei, wenn keine Art des Problemlösens ausgegrenzt werde. Und sicherlich würde eine Eingrenzung auf »erlaubte« Methoden die Kreativität eindämmen. Allerdings, und diese Schwierigkeit sieht Frau Jaeggi ebenfalls, muß irgendwie sichergestellt werden, daß die benutzten Methoden überhaupt Probleme lösen. Denn Therapien, die beim Klienten mehr Probleme schaffen als lösen, dürften kaum zur Fortentwicklung der Psychotherapie beitragen.

Und an diesem Punkt werden die Vorstellungen Eva Jeaggis abenteuerlich: Sie setzt darauf, daß die Klienten selbst die Qualität der Ware »Psychotherapie« beurteilen. Sie vertraut, mit anderen Worten, auf die Kontrollfunktion der freien Marktwirtschaft im Psychobereich. Man muß jedoch kein Ökonom sein, um zu bemerken, daß die freie Marktwirtschaft nur dort funktioniert, wo der Verbraucher nicht vom Erzeuger abhängig ist. Wenn mich der Fabrikant, dem ich Damenstrümpfe abkaufe, effektiv unter Druck setzen kann, gibt es für mich keinen freien Damenstrumpfmarkt. Und die Beziehung von Therapeut und Patient muß in der Regel so gestaltet werden, daß der Patient dem Therapeuten bis zu einem gewissen Grad ausgeliefert ist. Er vertraut ihm intime seelische Probleme an, er bindet Hoffnungen und Wünsche an ihn, er macht ihn zum Vertrauten seiner Alltagssorgen. Die Möglichkeiten, wie Therapeuten diese Bindung ausnutzen können, sind häufig geschildert worden. Sie lassen sich auch aus den Erfahrungsberichten dieses Buchs entnehmen. Fälle, in denen Patienten unter großen Qualen, ja fast bis zur Selbstzerstörung, bei einem unfähigen und ausbeuterischen Therapeuten ausharren, sind keine seltene Ausnahme. In fehlgelaufenen Psychotherapien werden existentielle Kämpfe ausgefochten, da bleibt kein Raum für eine nüchterne Produktprüfung. Niemand, der die zugänglichen Fallberichte studiert hat, kann diesen grundlegenden Tatbestand übersehen.
Natürlich gibt es daneben auch den Typus des Therapie-Konsumenten, der mit Kennergaumen die Bekömmlichkeit dieser »Körperarbeit« und jener »Seelenreise« überprüft. Für diesen Typus mag es einen freien Markt geben, und er soll auf sich selbst aufpassen. Aber um ihn geht es nicht, es geht um den leidenden und um den verzweifelten Patienten, der dringend Hilfe sucht. Es geht um den existentiell bedrängten, desorientierten Menschen, dem der Sinn des Lebens abhanden gekommen zu sein scheint und der nach Begleitung und Wegweisung fragt. Letzterer braucht noch nicht einmal psychisch krank im klinischen Sinn zu sein. Aber er leidet, und dieses Leiden macht ihn dem Helfer gegenüber verwundbar. Daher kann es einen freien, von den Kaufentschei-

dungen der Klienten kontrollierten Psychomarkt nicht geben. Schädliche Therapien, ja nicht einmal schädliche Therapeuten, werden niemals vom Markt verdrängt, indem niemand mehr hingeht. Dabei sollte zusätzlich bedacht werden, daß das Urteil der Klienten häufig mit dem psychotherapeutischen Wert der Methoden nur wenig zu tun hat. Ein wesentlicher Grund dafür liegt darin, daß in Psychotherapien zunehmend weltanschauliche und religiöse Orientierungen vermittelt werden. Eva Jaeggi weist selbst auf diesen Umstand hin, wenn sie feststellt, daß es in der Therapie immer mehr um das »Persönlichkeitswachstum« gehe anstatt um bloße Heilung. Die Konsequenzen dieser Feststellung machen jedoch die »freie Psycho-Marktwirtschaft« vollends zur Illusion. Über Lebensziele, Werte und Weltbilder gibt es kein objektives Urteilen. Ob es mir zum »Wachstum« verhilft, wenn ich das Finanzamt betrüge und mit den gesparten Steuern eine Prostituierte bezahle, hängt von meinem Ethos und meinem Weltbild ab. Ich glaube an diese Art von Wachstum, oder ich glaube nicht daran: Auf keinen Fall werde ich verschiedene Wertmaßstäbe und Weltbilder als Konsument prüfen, um mich dann für die bekömmlichsten zu entscheiden.

Von einer »Weiterentwicklung der Psychotherapie« durch ideologische Vielfalt kann vollends keine Rede sein: Weltanschauungen tragen höchstens zufällig zum Fortschritt der Wissenschaft bei, und eine weltanschauliche Vielfalt hat mit wissenschaftlicher Kreativität wenig zu tun. Je mehr ein Therapeut Ideologe oder religiöser Lehrer und je weniger er Wissenschaftler ist, desto eher wird er Anhänger werben und nicht Patienten behandeln. Und gläubige Anhänger pflegen das Produkt »Weltbild« erst recht nicht kritisch zu beurteilen. Mit anderen Worten: Die Gefahren, die auf orientierungshungrige und sinnsuchende Menschen warten, sind ganz anderer Art als die Gefahr der Ineffektivität und der Kunstfehler, an die seriöse Therapeuten in der Regel ausschließlich denken. Natürlich gibt es ineffektive Methoden und Kunstfehler in der Psychotherapie in Mengen, auch die Schilderungen in Kap. II und III sind voll davon. Aber weit wichtiger sind (in den Berichten und im allgemeinen) diejenigen Gefahren, die mit dem ideologischen Anspruch einer Therapie zusammenhängen. Daß sich da ein Therapeut absolut setzt, daß er sich jeder Kritik entzieht, daß seine Privatmethode zur umfassenden Utopie wird, daß die Therapie das ganze Leben aufsaugt und die Gläubigen abhängig macht – auch und vor allem diese Dinge sind zu bedenken. Die Sorge um Kunstfehler ist nicht falsch, aber Rezepte gegen sie helfen nichts gegen psychologische Utopien und therapeutischen Guruismus.

Für diese Zusammenhänge haben viele akademische Psychologen, darunter auch Eva Jaeggi, leider keinen Blick. Sie nennt zum Beispiel Arthur Janov, einen therapeutischen Utopisten der siebziger Jahre, in einem Atemzug mit Milton Erickson, weil beide »charismatische Persönlichkeiten« gewesen seien. Das mag zutreffen, aber viel wichtiger ist, daß Janov sehr schnell zum typischen Guru der Psychoszene wurde, der nichts und niemand neben sich und seiner Lehre duldete. Milton Erickson ließ dagegen nie irgendein Anzeichen dafür erkennen, daß er mehr sein wollte als ein psychologischer Helfer im üblichen Sinn.

Ich muß es betonen: Auf dem Psychomarkt gilt es nicht nur, die Ineffektivität und berufliche Unmoral zu begrenzen. Dabei säßen die Janovianer und die Ericksonianer prinzipiell im selben Boot. Es gilt, ideologische Abhängigkeiten zu verhindern und der Ideologisierung zu wehren (oder sie zumindest nicht von den Krankenkassen bezahlen zu lassen). Und dabei stellen die Janovianer ein viel größeres Problem dar als die Ericksonianer. Genauer gesagt sind letztere, soweit ich weiß, aus dieser Sicht komplett problemlos (im Ideologiebereich unauffällig, würde der Arzt sagen). Sowohl die fachliche Unzulänglichkeit als auch der ideologische Mißbrauch einer Psychotherapie schaffen Probleme. Aber letztere sind zur Zeit aktueller und verursachen vermutlich mehr menschliches Elend. Daher gilt es sie, anders als bisher, bevorzugt ins Auge zu fassen.

Ein verbindliches Ethos für alle Helfer

Allerdings gibt es für die brennenden Probleme des Psychotherapiemarktes wahrscheinlich keine umfassende Lösung. Es ist nicht möglich, die weltanschauliche Orientierungslosigkeit in unserer Gesellschaft per Gesetz abzuschaffen, und folglich wird die Tendenz, Psychologie mit Religion und Weltanschauung zu vermischen, sich weiter ausbreiten. Es ist auch nicht möglich, per Gesetz eine funktionierende Effektforschung anzuordnen oder gar den Fortschritt der klinischen Psychologie um hundert Jahre vorzuverlegen. Folglich wird es in absehbarer Zeit kein einhelliges Urteil darüber geben, was gute klinische Psychologie ist und was nicht.

Aber eines ist möglich: Es ist möglich, sofort einen Katalog von Verhaltensregeln aufzustellen, an den sich jedermann zu halten hat, der sich gegen Bezahlung mit den persönlichen Problemen eines anderen Menschen befaßt. Dieser Katalog müßte für jedermann gelten, ob er sich Psychotherapeut oder Arzt, Lebensberater oder Heilpraktiker nennt, ob er Therapie oder Beratung, Persönlichkeitswachstum oder Lebensschulung anbietet. Ich denke dabei nur an ambulante Hilfe. Für stationäres Helfen müßten sehr viel schärfere Regeln gelten, über die ich nicht weiter sprechen will. Im Fall ambulanten Helfens halte ich folgende Punkte für unverzichtbar:

– Das Honorar für die Hilfeleistungen muß vorher bindend vereinbart werden und sich im Rahmen der Kassenleistungen für Psychotherapie bewegen. Ordnungsgemäße Quittungen müssen selbstverständlich sein. Sämtliche anderen Leistungen des Klienten wie Arbeitsleistungen, Sachleistungen, Kredite, Geschenke usw. sind untersagt, solange der Helfer gegen Bezahlung Hilfe leistet.
– Hilfe gegen Bezahlung und persönliche Beziehungen außerhalb der Hilfsmaßnahmen schließen sich aus. Insbesondere eine Lebens-, Arbeits- oder Wohngemeinschaft und sexuelle Beziehungen sind nicht möglich, solange gegen Bezahlung Hilfe geleistet wird.

- Die Hilfe gegen Bezahlung schließt jede andere Art der Abhängigkeit aus, auch wenn sie nicht auf persönlichen Beziehungen beruht. Vor allem darf der Helfer nicht Arbeitgeber, Ausbilder oder Vorgesetzter des Klienten sein oder mit solchen Funktionen zu tun haben. Dies gilt auch für Lehrtherapeuten, die einen Klienten zu Ausbildungszwecken behandeln.
- Die Behandlung von nahen Verwandten und Lebenspartnern, besonders Ehepartnern, durch denselben Therapeuten ist nicht gestattet, außer es handelt sich um eine gemeinsam durchgeführte Paar- bzw. Familientherapie. Auch bei sonstigen Interessenkonflikten zwischen zwei Klienten darf der Helfer diese nicht getrennt behandeln.
- Die Hilfeleistung gegen Bezahlung muß zeitlich so eingegrenzt sein, daß sie keinen unangemessen großen Anteil im Leben des Klienten in Anspruch nimmt. Dies gilt für die Dauer der Betreuung, die ein bis zwei Jahre nicht überschreiten sollte. Dies gilt auch für die Intensität der Betreuung, die auf einige Stunden pro Woche zu begrenzen ist. Ausnahmen müssen genehmigt und von externen Fachleuten überwacht werden. Den Grund für diese Regel liefert die Überlegung, daß ein Erfolg, der im genannten Zeitrahmen nicht zu erzielen ist, auch bei größerem Zeitaufwand unwahrscheinlich bleibt. Ein Wechsel des Helfers und eventuell der Hilfsmethode verspricht fast immer mehr Erfolg.
- Der Helfer muß genaue Aufzeichnungen über seine Tätigkeit führen, aus denen zumindest der Zeitaufwand, die benutzten Methoden und die wesentlichen Effekte hervorgehen. Diese Aufzeichnungen müssen zehn Jahre aufbewahrt werden.
- Ein Ausschluß der juristischen Haftung des Helfers für seine Maßnahmen ist nicht erlaubt. Erklärungen der Klienten, sie würden für alle Ergebnisse der Hilfsmaßnahmen selbst haften, sind unwirksam. Vielmehr haftet der Helfer in jedem Fall im Rahmen der allgemeinen Rechtsprechung für diejenigen Folgen seiner Maßnahmen, die er zu verantworten hat. Insbesondere haftet er für die Folgen, wenn er keinen Arzt hinzuzieht, obwohl die Möglichkeit einer unbehandelten körperlichen

Krankheit für ihn erkennbar wird, wenn er seine Maßnahmen fortsetzt, obwohl die Erfolglosigkeit bzw. eine mögliche Gefährdung des Klienten für ihn erkennbar wird, und wenn er beim Abbruch seiner Maßnahmen nicht im Rahmen seiner Möglichkeiten für eine weitere Betreuung sorgt, sofern diese erkennbar notwendig sein könnte.

- Jeder Helfer ist verpflichtet, sich beim zuständigen Gesundheitsamt oder Gewerbeaufsichtsamt registrieren zu lassen und die Methoden anzugeben, die er benutzt. Diese Registrierung muß alle drei Jahre wiederholt werden. Dabei muß der Helfer die Existenz einer beruflichen Haftpflichtversicherung in ausreichender Höhe nachweisen. Die Registrierung bedeutet keinerlei Nachweis einer fachlichen Qualifikation, sondern stellt lediglich ein gesellschaftliches Kontrollinstrument zur Verhinderung unethischer Praktiken dar.
- Die persönlichen Kenntnisse, die der Helfer über den Klienten erhält, dürfen dritten Personen weder direkt noch indirekt bekanntgemacht werden. Dies gilt auch dann, wenn ein Verstoß gegen die Schweigepflicht therapeutisch nützlich erscheint. Auf strafrechtlich relevante, schwerwiegende Tatbestände erstreckt sich die Schweigepflicht nicht. Hier gelten die allgemeinen Rechtsvorschriften.
- Eine Werbung für die eigene Person und für die angebotenen Hilfeleistungen (einschließlich der Gestaltung von Praxisschildern, Anzeigen etc.) ist nur in dem Maß erlaubt, das für Ärzte gilt bzw. das vom Berufsverband Deutscher Psychologen (BDP) für heilkundig tätige Psychologen zugelassen wird. Die Werbung mit konkreten Erfolgsversprechungen gilt als besonders schwerer Verstoß gegen diese Regel.
- Jeder Helfer ist verpflichtet, jeden Hilfesuchenden ausführlich über diese Regeln zu informieren.

Natürlich gibt es eine Reihe von Hintertürchen, durch die solche Regeln zu umgehen wären. Zum Beispiel könnten die Klienten dazu gebracht werden, dem Träger- oder Förderverein eines Therapiezentrums beizutreten, anstatt die Helfer direkt zu bezahlen. Daher müßten die Regeln für alle Vereine dieser Art ebenfalls gelten. Außerdem böte der Mißbrauch von Selbsthilfegruppen Möglichkeiten, die Bestimmungen zu umgehen. Hier müßten an die kostenlose Mitarbeit in solchen Gruppen strenge Maßstäbe angelegt werden. Aber wie auch immer: Schleichwege an Vorschriften vorbei lassen sich immer finden. Es wäre schon ein Gewinn, wenn die unseriösen Helfer auf schmale Schleichwege gezwungen würden und nicht mehr die Möglichkeit hätten, sich unbehelligt auf der Autobahn gesellschaftlicher Gleichgültigkeit zu bewegen.

Eva Jaeggi schlägt eine weitere Regel vor, die jedoch schwer zu kontrollieren wäre und juristisch kaum durchsetzbar erscheint: Jeder Helfer solle nur die Hälfte seines Einkommens aus Honoraren für Hilfeleistungen bestreiten dürfen. Die Idee, daß damit der Realitätsbezug des Helfers gewahrt bleibe und die Sektenführerschaft schwer gemacht werde, ist zwar vielleicht richtig. Aber es dürfte schwierig sein, einem Menschen zu verwehren, mit nicht verbotenen Aktivitäten beliebig viel Geld zu verdienen. Es erscheint viel leichter zu sein, allgemeine Rahmenbedingungen in der oben genannten Weise festzulegen, die bestimmte Verhaltensweisen als unethisch und verwerflich brandmarken. Der Wildwuchs der Methoden und die Ineffektivität des Helfens würden damit nicht eingedämmt, wohl aber die schlimmsten Formen der Ausbeutung und Sektiererei. Man beachte jedoch, daß diese Regeln allgemein gelten müßten, nicht nur für einzelne Standesorganisationen.

Die Ärzteschaft und der Berufsverband Deutscher Psychologen (BDP) verlangen von ihren Mitgliedern (mit Ausnahme der zeitlichen Beschränkung des Helfens) im wesentlichen bereits, daß sie sich an ähnliche Regeln halten. Und die Berufsordnungen der Psychoanalytiker sind (wieder mit Ausnahme der Zeitbeschränkung) eher noch strenger formuliert. Aber Verstöße werden von den Standesorganisationen meist äußerst lasch geahndet, und es gibt wenig Möglichkeiten, staatliche Hilfe anzurufen. Günter Ammon konnte jahrelang unbehelligt von den Standesorganisationen praktizieren, obwohl die Verstöße gegen manche Standesregeln zum Himmel schrien. Sie schrien insofern buchstäblich zum Himmel, als sie sogar in Rundfunk- und Fernsehsendungen zur Sprache kamen. Trotzdem geschah viele Jahre lang nichts. Und Ammons Fall steht nicht allein da. Lomin Coert beschreibt eindrücklich, daß es nicht möglich war, der betrügerischen Therapeutin aus dem »Psychopfad« das Handwerk zu legen, obwohl diese im Haus ihrer Patientin wohnte, von ihr große Geldsummen erhalten hatte und ein Anwalt beides nachweisen konnte. Es handelte sich dabei immerhin um eine ausgebildete Analytikerin, die bei einem international renommierten Therapeuten gelernt hatte! Und der BDP hat schon gar keine Möglichkeit, seine Mitglieder auf die Einhaltung der ethischen Richtlinien zu verpflichten, denn die Berufsordnung des BDP ist noch nicht einmal geltendes Recht, sondern nur eine Art Selbstverpflichtung der Mitglieder. Was soll die klinische Sektion in Mainz tun, wenn ihr jemand ins Ohr flüstert, der oder jener Therapeut habe auf der Couch bereits die vierte attraktive Patientin vernascht? Angesichts der Beweisprobleme und des negativen Echos in der Öffentlichkeit, das mit Sicherheit einträte, wird (außer in ungewöhnlich krassen Einzelfällen) auf die Nachprüfung eines Verdachts verzichtet. Immerhin sind Informationen über solche Verstöße nicht selten zu haben, ich hatte jedenfalls noch nie Mangel an ihnen. Aber ohne die Möglichkeiten von Polizei und Staatsanwaltschaft ist es sehr schwierig, einen Verdacht zu überprüfen. Das gilt auch dann, wenn ein Klient offen über das Verhalten seines Therapeuten spricht und zu Aussagen bereit ist. Selbst dann geschieht selten etwas, um die Vorwürfe ernsthaft nachzuprüfen.

Es ist daher kein Wunder, daß die Berufsordnungen der Ärzte und Psychologen keine bewußtseinsbildende Wirkung bei den Therapeuten und Klienten haben. Die Klienten in Psychotherapien erwarten häufig nicht ernsthaft, daß der Therapeut ihre Vorschriften beachtet, selbst wenn sie von ihnen gehört haben. Andere Klienten haben, da sie nie informiert werden, keine Ahnung, daß es Standesregeln für Psychotherapeuten überhaupt gibt und daß ihr Therapeut möglicherweise an sie gebunden ist. Dieser beklagenswerte Bewußtseinszustand herrscht schon im

Bereich seriöser Therapeuten vor. Die große Zahl von scheinbaren und echten Helfern, die weder Ärzte noch Analytiker noch Mitglieder des BDP sind, kümmern sich um ethische Normen sowieso nur insoweit, als diese in ihr Weltbild passen. Dieser Zustand, der unsägliches Leid verursacht, kann so nicht bestehen bleiben. Gewisse ethische Normen müssen für jeden Helfer verbindlich gemacht, und Abweichungen müssen mit Strafen bedroht werden. Die Sanktionen müssen jeden treffen können, sei er Facharzt für Psychotherapie, Analytiker, Gesprächstherapeut, Primärtherapeut, praktischer Philosoph, Geistheiler, Trainer des Feuerlaufens, positiver Denker, Neugeistler, Mandala-Vermarkter, Hypnotiseur oder Dehypnotiseur, Reinkarnationstherapeut, Rebirther, Astrologe, Kartenleger, Anhänger der transpersonalen Therapie, Chef eines meditativen Heilungszentrums, Yogi, Guru oder Vertreter der individualapokalyptischen Initiation.
Sollte jemand wissen wollen, um was es sich bei diesen Schulen handelt, muß ich ihn an die Fachliteratur verweisen. Theorie und Methode der letzten Richtung müßte ich allerdings erst formulieren, da es sie noch nicht gibt. Das dürfte etwa eine halbe Stunde in Anspruch nehmen. Denn es ist nichts so verrückt auf dem Psychomarkt, daß es keine Käufer fände. Und daran wird sich wenig ändern lassen. Aber zur Zeit ist auch nichts so unmenschlich und verkommen auf diesem Markt, daß es Kläger und Richter dafür gäbe. Und dieser Zustand kann und muß geändert werden. Die Günter Ammons, die Otto Mühls, die Jack Rosenbergs, die Miniatur- und Möchte-gerne-Bhagwans, die vielen selbsternannten Erleuchteten und Seelenführer, die therapeutischen Experimentierer und experimentellen Therapeuten sollen nicht völlig schrankenlos mit seelischem Leid hantieren dürfen. Wenn schon die anständige Therapie nicht vorgeschrieben werden kann, so doch wenigstens der anständige Umgang mit Menschen. Es dürfte interessant sein, wer mit den genannten Regeln nicht einverstanden sein wird, sobald sie öffentlich diskutiert werden. Man sollte sich diese Helfer und ihre Argumente sorgfältig betrachten.

Anmerkungen

1 Kritische Erfahrungsberichte aus Psychotherapien enthalten: Boysen, Gilda: Haut über Kopf. Augsburg 1987; Coert, Lomin: Der Psychopfad. Zürich 1986; Degner, Helmut: Graugrün und Kastanienbraun. Frankfurt 1979; Drigalski, Dörte von: Blumen auf Granit. Frankfurt 1984; Erdheim, Claudia: Herzbrüche – Szenen aus der psychotherapeutischen Praxis. Wien 1985; Hemminger, Hansjörg/Becker, Vera: Wenn Therapien schaden. Reinbek 1984; Hemminger, Hansjörg: Flucht in die Innenwelt. Berlin 1980; Kursbuch 82: Die Therapiegesellschaft; Kreiler, Kurt/Reinhart, Claudia/Sloterdijk, Peter (Hg.): In irrer Gesellschaft. Frankfurt 1980. Ähnliche Berichte liegen mir (meist vertraulich) vor. Allein von ehemaligen Mitarbeitern der DAP sind mehrere äußerst kritische Erfahrungsberichte bei deutschen Gerichten aktenkundig geworden.

2 Pfeifer, Samuel: Unethische Manipulationen im Rahmen einer therapeutischen Beziehung. Schweiz. Rundschau Med. 77489-492 1988.

3 Shepard, Martin: Sex als Therapie. Köln 1973.

4 In West-Berlin, der Hochburg der alternativen Psychotherapie, besteht sogar eine Selbsthilfegruppe von in Psychotherapien sexuell ausgebeuteten Frauen mit Namen »Wildwasser«.

5 Zitiert in: Fisher, Kathleen: Abuse of therapeutic techniques harms public. Monitor No. 4 (1985), S. 7, 22–25. (Monitor ist das Organ der American Psychological Association.)

6 Coert, Lomin: Der Psychopfad. Zürich 1986.

7 Eine nähere Beschreibung der Problematik des »Psycho-Trips« findet sich in Hemminger, Hansjörg: Psychotherapie – Weg zum Glück? München 1987, S. 50–79.

8 Boch, George R./Molter, Haja: Psychoboom. Köln 1976.

9 Harris, Thomas: Ich bin o.k., du bist o.k. Reinbek 1975, S. 249.

10 An Warnungen vor therapeutischen Utopien fehlt es auch aus der Psychoanalyse selbst nicht, z. B. Schmidbauer, Wolfgang: Alles oder nichts. Über die Destruktivität von Idealen. Reinbek 1987. Schmidbauer gehört zu denjenigen Schülern Günter Ammons, die sich schon früh von ihm trennten.

11 Tiefenpsychologiekritische Sachbücher der letzten Jahre: Eschenröder, Christof T.: Hier irrte Freud. München 1984; Eysenck, Hans-Jürgen: Sigmund Freud: Niedergang und Ende der Psychoanalyse. München 1984; Fischer, Helmut: Transaktionsanalyse. Münchener Reihe 1985; Hemminger, Hansjörg: Kindheit als Schicksal? Reinbek 1986; ders.: Wirklichkeitsverständnis der Naturwissenschaft. EZW-Impuls Nr. 23, Stuttgart 1986. Zu beziehen über die Evangelische Zentralstelle für Weltanschauungsfragen, Hölderlinplatz 2A, 7000 Stuttgart 1; Zimmer, Dieter: Tiefenschwindel. Reinbek 1986.

12 Miller, Alice: Das Drama des begabten Kindes; dies.: Am Anfang war Erziehung. Frankfurt 1979 und 1980.

13 Der Begriff »Konfrontation« wird in der Psychoanalyse benutzt, um eine Konfrontation des Patienten mit seinem »Widerstand« zu bezeichnen. Nach psychoanalytischer Schulmeinung ist diese Konfrontation, wenn überhaupt, sehr vorsichtig einzusetzen und nur dann erlaubt, wenn der Patient die Deutung positiv aufnehmen kann. Mit dieser Praxis haben die Konfrontationen von Günter Ammon wenig gemeinsam. Nach einem Urteil des Landesgerichts Hamburg vom 12.2.82 entspricht es den Tatsachen, wenn die in der DAP vorgekommene Praxis als »aggressives Beschimpfen« bezeichnet wird (Prozeß Ammon/DAP gegen »Spiegel« und ehemalige DAP-Mitglieder).

14 Strafverfahren gegen einen Vater, der seine Tochter mit Gewalt aus der DAP befreien wollte, vor dem Amtsgericht München mit Urteil von 19.6.1986.

15 Kreiler, Kurt/Reinhart, Claudia/Sloterdijk, Peter (Hg.): In irrer Gesellschaft. Verständigungstexte über Psychotherapie und Psychiatrie. Frankfurt 1980. Die für die Beurteilung der DAP-Praxis wichtigsten Autoren sind: Marga Löwer, Friedrich Diergarten, Matthias Hirsch, Gislinde Bass.

16 Beispiele von Publikationen in der esoterischen Presse: Kalkbrenner, Paul: Der Tanz als Brücke zu den Quellen des Unbewußten. Das neue Zeitalter Nr. 36, 26.8.1987, S. 4–7; Interview mit Günter Ammon: Psychoanalyse, Mysterienschule und Kulturrevolution. Magazin 2000 *9* Nr. 67, 1987, S. 24–33; Ammon, Günter: Tanz als Therapie. Magazin 2000 *8* Nr. 64, 1986, S. 48–55; Mönnich, Heidi: Paradigmenwechsel einer Wissenschaft. Esotera *36* Nr. 5, 1985, S. 452–460. Die Stellenanzeige für 1 Oberarztstelle und 1 Assistenzarztstelle erschien in der Rajneesh Times *4* Nr. 16 am 8.8.1986.

17 Soweit mir bekannt ist, hat die Landesärztekammer München Dr. Ammon die Weiterbildungsermächtigung erst 1986 entzogen. In der neuesten Auflistung wird er nicht mehr geführt.

18 Lifton, Robert J.: Religiöse Kulte und Totalitarismus. In: Neue Jugendreligionen. Müller-Küppers, Specht (Hg.), Göttingen 1979.

19 Einen Beleg für tiefenpsychologisch reduzierte Erklärungen bildet zum Beispiel: Gascard, Johannes R.: Neue Jugendreligionen. Freiburg 1984, S. 63ff. Gascard stellt bei Kultmitgliedern generell »eine dominierend starke, penetrant allgegenwärtige ... Mutter« sowie einen »schwächeren, weitgehend autoritätslosen ... Vater« fest. Kapitel II bildet ein schlagendes Gegenbeispiel gegen diese Verallgemeinerung; auf zwei weitere Ex-DAPler, deren persönlicher Hintergrund mir gut bekannt ist, trifft sie ebenfalls nicht bzw. nur mit großer Einschränkung zu. (Die verdienstvolle Arbeit von Gascard, z. B. in der Analyse des Massenselbstmords von Jonestown, wird durch diese Kritik nicht entwertet. Sie dient dazu, den Empiriker Gascard in gewissem Maß vor dem Tiefenpsychologen Gascard zu schützen, soweit mir dies notwendig erscheint.) Man muß auch beachten, daß zwischen den Kulten große Unterschiede bestehen. Ihr Angebot läßt sich nicht auf eine Formel bringen, z. B. (bei Gascard) »wahnhaft-illusionäre Glücks- und Vollkommenheitsphantasien« sowie das »zwanghafte Bedürfnis nach Über-Identifika-

tion«. Als Beispiel einer Differenzierung mit tiefenpsychologischen Mitteln sei genannt: Klosinski, Gunther: Warum Bhagwan? München 1985.

20 Erfahrungsberichte zeigen, wie konflikthaft die Konversion oft verläuft und wie groß die Zahl der »Fehlschläge« aus der Sicht der Kulte ist, wenn dies nicht durch äußeren Druck verhindert wird. Letzteres belegt die Geschichte von Jonestown (Gascard, Johannes R.: Perversion der Erlösung. Material-Edition 19 der Arbeitsgemeinschaft für Religions- und Weltanschauungsfragen, München 1983). Ersteres belegen viele Berichte, neben den in Anmerkung 1 aufgeführten u. a.: Müller, Ulrich: Losgekommen von der Droge Bhagwan. Materialdienst der EZW *46* (1983), S. 340–351; Nachtigall, Flora: Wie ich lernte, die Schöne Neue Welt zu lieben. Materialdienst der EZW *47* (1984), S. 73–78; Helling, Dora/Küenzlen, Gottfried: Studentenbewegung – Psychoszene – Bhagwan. EZW-Texte Information Nr. 100, Stuttgart 1987; Schulte, Therese: Abschiedsdisput einer TM-Lehrerin. Stuttgart 1980.

21 Conway, Flo/Siegelman, Jim: Snapping: America's Epidemic of Sudden Personality change. New York (1978); Conway, Flo et al.: Information disease: effects of covert induction and deprogramming. Update *10*, No. 2 (1986), S. 45–57.

22 Robbins, Thomas: Good-bye to little red ridinghood. Update *10*, No. 2 (1986), S. 5–17. Deutsch: Fragwürdige Theorien über Konditionierung und Rehabilitation von Mitgliedern extremer Kulte. Materialdienst der EZW *50*, Nr. 2, S. 33–44.

23 Ein weiterer Strang empirisch-psychologischer Erklärungen des Konversionsgeschehens richtet sich auf die Hypnose, zum Beispiel Thomas, Klaus: Hypnose und destruktive Kulte. In: Flöther, E. (Hg.): Familie und destruktive Kulte: Menschenwürde, Recht und Freiheit. AGPF-Schriftenreihe Nr. 1, Bonn 1985; Zeitlin, Hillel: Perspectives on hypnosis and cultism. Update *10*, No. 1 (1986), S. 15–22.

24 Levine, Eduard: The motives behind cult converts and cult leaders. Update *9* No. 4 (1985), S. 11–23.

25 Ein vom Norddeutschen Rundfunk für die Fernsehserie »Vor Gericht« befragter ehemaliger Therapeut der DAP; gesendet am 19.3.81 im 3. Programm (Fernsehen), sog. »Nordkette«.

26 Bopp, Jürgen: Flucht in die Seelen-Technik. Publik-Forum Nr. 19 (1986), S. 21–23; ders.: Die Priesterherrschaft der Therapeuten. Psychologie Heute (November 1985), S. 38–45.

27 Moser, Tilmann: Kompaß der Seele. Frankfurt 1984.

28 Dreitzel, Hans-Peter/Jaeggi, Eva: Psychotherapie: Plädoyer für kreative Vielfalt. Psychologie Heute (Februar 1987), S. 60–69; Jaeggi, Eva: Pop-Psychologie: Abkürzungen zum Ich. Psychologie Heute (Oktober 1986), S. 62–67; dies., Wir Menschenbummler. Weinheim 1983.

29 Rey, Eike-Rudolf: Leserbrief an: Selecta 33 (1987), S. 1974.

30 Bericht in der Stuttgarter Zeitung vom 2.5.1987.